F. E. Boericke, A. J. Tafel

Taschenbuch der Homöopathie

Zum Familiengebrauch

F. E. Boericke, A. J. Tafel

Taschenbuch der Homöopathie
Zum Familiengebrauch

ISBN/EAN: 9783743398726

Hergestellt in Europa, USA, Kanada, Australien, Japan

Cover: Foto ©Lupo / pixelio.de

Manufactured and distributed by brebook publishing software (www.brebook.com)

F. E. Boericke, A. J. Tafel

Taschenbuch der Homöopathie

Taschenbuch

der

Homöopathie

zum

Familien-Gebrauch.

———◆———

Boericke & Tafel.

New York,   Philadelphia,
145 Grand Str.   635 Arch Str.

Entered according to Act of Congress in the year 1873, by
BOERICKE & TAFEL,
in the office of Librarian of Congress at Washington.

Stereotypirt und gedruckt bei King und Baird, No. 607 u. 609 Sansom Straße, Philadelphia.

Vorrede.

Dieses Buch ist zunächst für solche geschrieben, welche von den Vorzügen der Homoöpathie durch eigene Erfahrung überzeugt und für den Fall, daß sie keinen homöopathischen Arzt in der Nähe haben, oder daß sie zeitweilig auf Reisen gehen, durch die hier gegebenen Belehrungen und Anweisungen in den Stand gesetzt sind, in den meisten Erkrankungen sich selbst zu helfen; dann aber auch ist dieses Buch für Diejenigen bestimmt, welche noch gar keine Kenntniß von der Homöopathie genommen oder wohl gar irrige Ansichten über sie haben. Solche dürfen nur bei den alltäglich vorkommenden leichteren Erkrankungen mit Genauigkeit nach Vorschrift einige Versuche machen und sie werden sich bald von der überraschenden Wirksamkeit der homöopathischen Arzneimittel überzeugen.

Leichte Unpäßlichkeiten sind nur zu oft die Vorläufer ernstlicher Krankheiten und man kann letztere oft verhüten, wenn man gleich im Anfange die geeigneten Mittel anwendet.

Es versteht sich von selbst, daß bei **schweren Erkrankungen** stets ein homöopathischer Arzt sobald wie möglich zu Rathe gezogen werden muß und haben wir bei den betreffenden Stellen darauf Bezug genommen.

Inhalt.

Erster Theil.
Einleitung.

	Seite.
Liste der Arzneimittel	11
Tinkturen zum äußerlichen Gebrauch	12
Die Verdünnung oder Stärke der Arzneimittel	13
Gabengröße	14
Die Mittelwahl	14

Zweiter Theil.
Die Krankheiten und ihre Behandlung.

Fieber.

Einfache Fieber	18
Entzündungs-Fieber	19
Entzündung innerer Organe	20
Zahnfieber	26
Wechselfieber	27

Fieberhafte Ausschläge.

Friesel-Ausschlag	29
Nesselfriesel	30
Scharlachfriesel	31
Scharlachfieber	32
Masern	34

Inhalt.

	Seite
Rose	35
Spitzpocken	37
Pocken, ächte	38

Gemüthsbewegungen.

Folgen heftiger Aufregungen	40

Krankheiten des Kopfes.

Blutandrang nach dem Kopfe	43
Schwindel	43
Kopfschmerzen	44

Krankheiten des Gesichts, der Augen, Nase und Ohren.

Nasenbluten	48
Schwerhörigkeit	49
Ohrenschmerzen	50
Ohrensummen	51
Ohren-Entzündung	51
Ohrdrüsen-Entzündung	52
Gesichtsschmerzen	52
Gesichtsgeschwulst	53
Drüsengeschwulst	54
Augen-Entzündung	55
Augenlider-Entzündung	56
Augenfluß (Thränen der Augen)	56
Gerstenkorn	57

Die Krankheiten des Mundes.

Zahnbeschwerden der Kinder	58
Schwämmchen	59

Inhalt.

	Seite
Mundfäule	60
Bluten des Zahnfleisches	61
Zahngeschwür	62
Zahnschmerzen	62

Die Krankheiten des Halses.

Rachenbräune (Diphteritis)	65
Mandelbräune	68
Halsentzündung	69
Halsweh	70
= der Prediger	71

Die Krankheiten der Luftröhre, Brust und Athmungs-Organe.

Husten	72
Croup, häutige Bräune	75
Heiserkeit	76
Stimmlosigkeit	77
Keuchhusten	78
Grippe, Influenza	80
Luftröhren-Entzündung, Bronchitis	81
Asthma, Brustkrampf	83
Millar'sches Asthma	84
Schnupfen	85
= chronischer	86
= der Säuglinge	87
Lungenfell-Entzündung	87

Die Krankheiten des Magens und der Leber.

Uebler Mundgeruch	88
Blähungsbeschwerden	90
Magenverderbniß	91

	Seite
Magenschwäche	91
Magensäure der Kinder	97
Sodbrennen	97
Magenkrampf	98
Appetitlosigkeit	100
Uebelkeit und Erbrechen	101
Blutbrechen	102
Heißhunger	103
Seekrankheit	104
Gallenfieber	105
Gelbsucht	106
- der Kinder	107

Die Krankheiten des Unterleibes.

Kolik, Leibschneiden	108
- der Säuglinge	110
Durchfall	111
- der Kinder	114
Brechdurchfall (englische Cholera)	113
Ruhr	115
Cholera Morbus, Cholerine	117
Asiatische Cholera	118
Kinder-Cholera, Summer Complaint	122
Stuhlverstopfung	124
- der Säuglinge	125
Wurmbeschwerden	126
Hämorrhoiden	128

Die Krankheiten der Haut.

Ansprung, Milchborke	129
Hautjucken	130
Aufgesprungene Hände und Lippen	131
Hautabschälung	132

Inhalt.

	Seite
Finnen	132
Ringflechte	133
Gürtelrose	135
Krätze	135
Frostbeulen	136
Blutschwäre	137
Eiterbeulen (Abscesse)	138
Nagelgeschwüre	139
Warzen	140
Hühneraugen	140

Krankheiten der Frauen.

Beschwerden des Monatsflusses	141
Schwangerschafts-Beschwerden	146
Weißfluß	151

Verletzungen.

Quetschungen	153
Blutunterlaufene Augen	153
Verrenkungen	154
Wunden	154
Verbrennungen und Verbrühungen	155

Allgemeine Krankheiten.

Erkältungen	156
Rheumatismus	159
Steifer Hals	161
Hexenschuß, Hüftweh	161
Lendenweh	162
Gicht	163
Krämpfe der Kinder	164

1*

Inhalt.

	Seite
Schlucksen	165
Ermüdung, körperliche	165
= geistige	166
Schwäche	168
Ohnmacht	167
Schlaflosigkeit	168
= der Kinder	169
Nervöse Aufregung	170
Alpdrücken	171
Herzklopfen	172
Hysterie	174
Wadenkrämpfe	174
Harnbeschwerden	175
Sonnenstich	177

Dritter Theil.
Die Arzneimittel und ihre Anwendung.

Aconitum bis Veratrum	178—09
Die Arzneimittel, nebst den Organen ꝛc. des Körpers, auf welche solche speciell einwirken	210
Temperamente, Constitutionen und Zustände, nebst den für diese besonders passenden Mitteln	212

Erster Theil.
Einleitung.

Liste der in diesem Buche verordneten **Arzneien**, nebst deren deutschen Benennungen.

1. Aconitum Napellus,   Sturmhut.
2. Arsenicum Album,   Weißer Arsenik.
3. Belladonna,   Tollkirsche.
4. Bryonia Alba,   Zaunrübe.
5. Calcarea Carbonica,   Kohlensaure Kalkerde.
6. Camphora,   Kampfer.
7. Carbo Vegetabilis,   Holzkohle.
8. Chamomilla,   Feldchamille.
9. China,   Chinarinde.
10. Cina,   Zittwersamen.
11. Coffea Cruda,   Roher Kaffee.

12. Colocynthis,	Koloquinthe.
13. Cuprum Aceticum,	Essigsaures Kupfer.
14. Dulcamara,	Bittersüß.
15. Hepar Sulphuris Calcarea,	Schwefelleber.
16. Ignatia Amara,	Ignazbohne.
17. Ipecacuanha,	Brechwurzel.
18. Kali Bichromicum,	Doppelt chromsaures Kali.
19. Mercurius,	Quecksilber.
20. Nux Vomica,	Brechnuß.
21. Phosphorus,	Phosphor.
22. Pulsatilla,	Küchenschelle.
23. Rhus Toxicodendron,	Giftsumach.
24. Spongia Tosta,	Röstschwamm.
25. Sulphur,	Schwefel.
26. Tartarus Emeticus,	Brechweinstein.
27. Veratrum Album,	Weiße Nießwurz.

Für äußerlichen Gebrauch.

Arnica.—Bei äußerlichen Verletzungen mische man zwei Theelöffel voll von der Tinktur mit einem halben Glase kalten Wassers und mache Umschläge davon auf die krankhaften Theile.

Calendula. — Bei Schnitt- und Rißwunden mische man zwei Theelöffel voll von der Tinktur mit einem halben Glas Wasser und mache Umschläge davon.

Urtica urens. — Bei Brandwunden und Verbrühungen mische man einen Theil Tinktur mit neun Theilen Wasser, oder besser Whiskey, und mache Umschläge davon.

Die Verdünnung oder Stärke der in diesem Buche empfohlenen Mittel ist bei den vegetabilischen Stoffen die dritte, und bei den mineralischen die sechste Potenz, ausgenommen wo es anders angegeben ist.

Die Mittel können in Streukügelchen, Tinkturen oder Verdünnungen gegeben werden. Aus eigener Erfahrung würden wir im Allgemeinen die Anwendung in Streukügelchen empfehlen, weil solche bequemer und ebenso wirksam sind; ausgenommen wo es anders vorgeschrieben ist.

Für Erwachsene empfehlen wir sechs bis zehn Kügelchen, und für Kinder zwei bis sechs Kügelchen für eine Gabe; oder wenn die Mittel in Auflösung gereicht werden sollen, dreißig Streukügelchen oder sechs Tropfen der Verdünnung in einem halben Glase Wasser aufgelöst und davon ein bis zwei Theelöffel voll für eine Gabe.

Die Streukügelchen sind von chemisch reinem Zucker gemacht und mit dem Arzneistoff in Verdünnung befeuchtet.

Wie die Mittel bei einer Krankheit zu wählen sind.

Im zweiten Theile findet der Leser bei jeder Krankheit die Zeichen oder Symptome der Arzneien, welche solche als die besten und geeignetsten Mittel anzeigen, indem zwischen den Krankheits-Symptomen und den Symptomen, welche die Arznei bei einem gesunden Organismus hervorbringt, stets eine mehr oder minder genaue Aehnlichkeit vorhanden ist. Da jede Krankheit mit verschiedenen Symptomen auftritt, so sind bei jeder zwei oder mehrere Mittel nebst den Symptomen derselben angegeben und muß stets diejenige Arznei gewählt werden, deren Symptome mit jenen der zu heilenden Krankheiten am ähnlichsten sind.

Der Leser findet im dritten Theil die aus=führlicheren Symptome einer jeden Arz=nei, und wenn im Zweifel wegen dem pas=sendsten Mittel, kann er in diesem Theil nachsehen und durch genaue Vergleichung der Aehnlichkeit zwischen den Arznei= und Krankheits=Symptomen das richtige Mittel ausfinden.

Sollten die Symptome einer Krankheit, nachdem ein Mittel gegeben worden ist, sich verändern, so darf die Arznei nicht fortgesetzt, sondern es muß eine andere, welche den neuen Symptomen mehr entsprechend ist, dafür sub= stituirt werden. Zuweilen sind die Symp= tome einer Krankheit so mannichfaltig und verschieden, daß ein Mittel nicht ausreicht, dieselben alle zu decken, in welchem Falle man noch ein anderes wählen muß, welches die wichtigeren Symptome in seinen Wirkungs= kreis einschließt. Die beiden Arzneien dürfen nicht gemischt werden, da dieses ihren Eigen= schaften und Wirkungen Eintrag thun würde, sondern müssen jede besonders aufgelöst und abwechselnd gegeben werden, nämlich eine Gabe von einer Arznei, und dann eine Gabe von der andern, und so fort.

Wie die Streukügelchen aufzulösen und zu nehmen sind.

Die verordnete Anzahl Kügelchen kann man auf die Zunge legen, schmelzen lassen und dann verschlucken; es ist aber besser, solche in einem reinen Wasserglase, welches mit klarem filtrirten oder gekochten und wieder abgekühlten Wasser zur Hälfte gefüllt ist, aufzulösen; das Glas muß bedeckt und an einen kühlen Ort gestellt werden. Man gebrauche einen reinen Löffel, lasse ihn aber nicht in der Medizin liegen; die von Porzellan gemachten Löffel sind die besten. Durch Beimischung einiger Tropfen Weingeist bleibt die Medizin für mehrere Tage gut. Die Medizin sollte, wenn möglich, nicht innerhalb einer Stunde vor oder nach einer Mahlzeit genommen werden. Sobald die Symptome nachlassen, muß die Arznei in größeren Zwischenräumen gegeben und dann ganz ausgesetzt werden.

Zweiter Theil.
Die Krankheiten und ihre Behandlung.

(Wegen der Gabengröße, siehe Seite 14.)

Einfaches Fieber.

Symptome: Müdigkeit, Frösteln, Gliederschmerzen mit nachfolgender brennender Hitze, Durst, beschleunigtem Pulse, Appetitlosigkeit ꝛc.

Aconitum ist bei einfachem Fieber gewöhnlich ausreichend. Eine Gabe zwei bis drei Mal täglich.

Allgemeines Verhalten. — Leichte Diät, bestehend aus Gerstenwasser, dünnem Haferschleim oder Arrowroot.

Entzündungsfieber.

Unter dieser Ueberschrift geben wir einige allgemeine Vorschriften für die Behandlung, bis ärztliche Hülfe eingeholt werden kann, da in allen plötzlich auftretenden heftigen Anfällen die Symptome zu ernstlicher Art sind, um von Jemanden anders, wie einem geschickten Arzte behandelt werden zu können.

Symptome. — Das Entzündungsfieber begleitet die Entzündung der Lunge, der Leber, des Herzens 2c., und beginnt wie das einfache Fieber, besonders aber mit starkem Froste, dem sich regelmäßig Hitze und großer Durst mit nachfolgendem Schweiß anschließt. Bei Kindern ist der Frost zuweilen durch leichte Zuckungen oder förmliche Krämpfe vertreten. Manchmal wird das Entzündungsfieber durch Brechen eingeleitet.

Aconitum muß sofort gegeben werden, um der Heftigkeit des Fiebers vorzubeugen. Eine Gabe stündlich oder zweistündlich.

Belladonna, wenn das Gehirn angegriffen ist, Irrereden. Eine Gabe stündlich oder zweistündlich, oder abwechselnd mit Aconitum.

Allgemeines Verhalten. — Man bringe den Patienten zu Bette, halte das Zimmer kühl, gebe ihm kaltes Wasser zu trinken, und als Nahrung Gerstenwasser oder dünnen Haferschleim, und lasse einen homöopathischen Arzt holen.

Entzündung innerer Organe.

Die meisten Krankheiten, welche in diese Rubrik kommen, erfordern schnelle ärztliche Hülfe und sind daher die bei jeder speziellen Entzündung erwähnten Mittel nur bis zur Ankunft eines Arztes zu gebrauchen.

Blasenentzündung

erkennt man an einem brennenden Schmerz in der Blasengegend, die äußeren Theile sind geschwollen, heiß, gespannt und schmerzhaft bei Berührung, der Urin ist heiß und roth, und die Entleerung entweder schwierig und schmerzhaft oder ganz unmöglich; Fieber.

Aconit alle ein oder zwei Stunden bis zur Ankunft des Arztes.

Gehirnentzündung

erkennt man an heftigem Kopfweh oder einem blos drückenden dumpfen Gefühl im Kopfe, sichtbarem Klopfen der Kopf- und Halsadern oder schlafsüchtigem Zustand oder beständigem Phantasiren.

Aconit und **Belladonna** abwechselnd alle ein bis zwei Stunden bis zur Ankunft des Arztes.

Leberentzündung.

Erkennbar an einem brennenden und stechenden Schmerz in der rechten Seite, der sich bis zur Schulter und dem Brustbein und zuweilen sogar bis zum rechten Fuße ausdehnt. Der Schmerz und der die Krankheit begleitende kurze trockene Husten werden durch das Athmen vermehrt, und Liegen auf der rechten Seite ist unmöglich. Dies sind die Symptome, wenn die Entzündung den äußeren Theil oder Ueberzug der Leber ergriffen hat.

Oder erkennbar an einem tiefsitzenden schmerzhaften Drucke in der Lebergegend, mit gelblicher Farbe der Augen und des Gesichts, zuweilen fast vollständiger Gelbsucht, bitterem Geschmack, Erbrechen und hochfarbigem Urin. Diese Symptome sind von Fieber begleitet. Die Schmerzen werden durch Liegen auf der linken Seite erhöht, vermindern sich aber durch Liegen auf der rechten Seite. Diese Symptome zeigen sich, wenn die innere oder Substanz der Leber von der Entzündung ergriffen ist.

Aconit, wenn starkes Fieber vorhanden ist. Eine Gabe alle zwei Stunden.

Bryonia und **Mercurius,** wenn das Fieber nicht sehr stark oder durch Aconit beschwichtigt worden ist. Eine Gabe abwechselnd alle zwei Stunden.

Lungenentzündung.

Sie beginnt häufig mit einem starken Froste, dem bald Fieber folgt; drückende oder stechende Schmerzen, besonders beim Athmen und Husten, bald in der ganzen Brust, bald nur in einer Seite, behindertes Athmen und ein beständiger trockner Husten, der durch Sprechen und jeden tiefen Athemzug erregt wird. Der Husten ist später von einem blutstreifigen oder schleimigen Auswurf begleitet; im höchsten Grade der Entzündung besteht der Auswurf zuweilen aus reinem Blut.

Aconit, entweder allein oder im Wechsel mit andern Mitteln, wenn die Entzündungssymptome sehr heftig sind. Eine Gabe alle ein oder zwei Stunden.

Bryonia. — Beschwerliches, kurzes und schnelles Athmen; stechende oder brennende, durch Athmen verschlimmerte Seitenschmerzen; trockner, schmerzhafter Husten. Eine Gabe alle zwei oder drei Stunden.

Phosphor. — Heftige, stechende, durch Hu=

sten vermehrte Brustschmerzen; kurzer Athem; trockener Husten. Eine Gabe alle zwei oder drei Stunden.

Tartar emetic.—Große Athemnoth; Husten mit starkem Schleimrasseln; Uebelkeit; reichlicher Auswurf; heftiges Herzklopfen und Erstickungsgefühl. Eine Gabe alle ein oder zwei Stunden.

Magenentzündung.

Erkennbar an einem beständigen, brennenden, stechenden Schmerz in der Magengegend, erhöht durch Athmen, Speise und Trank und die geringste Berührung; Spannung und Geschwulst des Magens; große Angst und Unruhe; Würgen und Erbrechen nach jedem Genuß; ferner heftiger Durst, Kräfteverfall, kalte Glieder, und zuweilen Ohnmacht und Convulsionen.

Aconit und **Bryonia**, eine Gabe abwechselnd alle zwei Stunden bis zur Ankunft des Arztes.

Allgemeines Verhalten. — Bis zur Ankunft des Arztes und während er die empfohlenen Arzneimittel nimmt, sollte der Patient die unter Fieber bemerkten Vorschriften beobachten. Wasser, dünner Haferschleim und Gerstenwasser können zum Trinken gegeben werden; das Zimmer muß luftig und kühl, und nicht zu hell sein, und Alles sorgfältig entfernt werden, was den Patienten aufregen könnte.

Nierenentzündung.

Kennzeichen. — Heftiger Schmerz in der Nierengegend (im Rücken, ungefähr der Nabelgegend entsprechend, seitlich von der Wirbelsäule), der sich nach der Blase zu fortsetzt; schmerzhaftes Harnen; rother, heißer Urin; häufig ist Erbrechen, Kolikschmerzen und Zwängen zugegen; Bewegung oder Liegen auf dem Rücken oder der kranken Seite erhöhen die Schmerzen.

Bis zum Erscheinen ärztlicher Hülfe gebe man Aconit, eine Gabe jede Stunde.

Unterleibsentzündung.

Kennzeichen.—Heftige anhaltende, auf eine bestimmte Stelle beschränkte und durch Bewegung oder Berührung erhöhte Schmerzen; Auftreibung des Unterleibs; kleiner, schneller, unterdrükter Puls; Aufstoßen, Uebelkeit, hartnäckige Stuhlverstopfung und heftiger Durst.

Aconit und **Belladonna** abwechselnd bis zur Ankunft des Arztes. Eine Gabe alle ein oder zwei Stunden.

Zahnfieber.

Das beim Zahnen zuweilen gegenwärtige Fieber ist gewöhnlich unbedeutend.

Aconit.—Trockene Hitze; brennende Haut; Durst; Schlaflosigkeit. — Gelegentlich eine Gabe.

Chamomilla. — Umherwerfen; Unruhe; Röthe der Backen; Husten. Gelegentlich eine Gabe.

Allgemeines Verhalten.—Man gebe dem Kinde nur leichte Nahrung und halte es in einem stillen und luftigen Zimmer.

Wechselfieber.
(Kaltes Fieber.)

Kennzeichen.—Der Anfall beginnt mit Gähnen, Mattigkeit, Kopfweh, Erstarrung der Finger und Zehen, und Blauwerden der Nägel; dann Kälte der Glieder, allmählig sich steigernd, bis der Patient vor Frost sich schüttelt und zittert und seine Zähne klappern. Während dieser Zeit ist der Puls schwach und unterdrückt, und der Durst veränderlich; das Frost=Stadium dauert von zwanzig Minuten bis drei oder vier Stunden und ist in seiner Heftigkeit sehr verschieden. Das Stadium der Hitze hat alle Symptome einer heftigen Entzündung; heiße trockene Haut, voller und harter Puls, Blutandrang nach dem Kopfe und zuweilen Delirium. Endlich folgt das Stadium des Schweißes; die Haut wird feucht; Hitze, Durst und Kopfschmerz nehmen ab, und der Urin macht einen ziegelmehlartigen Bodensatz. Dies ist das Bild der regelmäßigen Wechselfieber, doch weichen sie sehr in ihren Erscheinungen ab.

Aconit, wenn die Fieber-Symptome sehr heftig sind. Eine Gabe alle halbe Stunden, bis es besser wird.

China. — Uebelkeit und Durst vor dem Anfall; Heißhunger; Kopfweh; Herzklopfen; Durst zwischen den Stadien des Frostes und der Hitze, oder nach dem Stadium der Hitze; kein Durst während der Hitze; große Mattigkeit; gelbe Gesichtsfarbe. Eine Gabe alle zwei oder drei Stunden.

Arsenic. — Große Schwäche; Neigung zum Brechen oder heftige Magenschmerzen; unvollständige Entwickelung der Frost- und Hitze-Stadien oder beiden; häufiges Trinken, aber nur wenig jedesmal; Schmerzen in den Gliedern oder über den ganzen Körper, mit Angst und Unruhe; Brustbeklemmung; Uebelkeit, bittrer Mundgeschmack. Eine Gabe alle zwei bis drei Stunden.

Ipecacuanha und **Pulsatilla.** — Viele Frostschauer mit wenig Hitze oder umgekehrt; wenig oder gar keinen Durst; verdorbener Magen; Uebelkeit und andere gastrische Symptome. Eine Gabe, abwechselnd alle zwei- oder drei Stunden.

Nux vomica. — Stuhlverstopfung; die Anfälle wiederholen sich gewöhnlich jeden Tag, oder jeden zweiten Tag, gewöhnlich des Nachmittags, Abends oder Nachts; drückender Stirnkopfschmerz; Schwindel, Uebelkeit und bitterer Geschmack; Magenkrampf und große Schwäche.

Friesel-Ausschlag der Säuglinge.

Kennzeichen. — Die Frieselbläschen sind nur eine Folge übermäßigen Warmhaltens oder Diätfehler.

Aconit. — Bei heftigeren Fieber-Sympto=

men, großer Unruhe und Aufregung. Eine Gabe drei Mal täglich.

Rhus tox., wenn der Ausschlag sehr ausgedehnt ist. Eine Gabe drei Mal täglich.

Allgemeines Verhalten.—Fleißiges Baden in lauwarmem Wasser und öfteres Lüften des Zimmers sind gewöhnlich ausreichend, den Ausschlag zu beseitigen.

Nesselfriesel.

Kennzeichen.—Ein Hautausschlag, bestehend in glatten, flachen, wenig erhabenen hellrothen Flecken, wie von einer Verbrennung mit Brennesseln herrührend, und von heftigem Jucken und Brennen begleitet; es bleibt selten lange auf einer Stelle, und entsteht häufig aus Verdauungsschwäche oder durch Erkältung.

Dulcamara, wenn es durch Erkältung entstanden ist. Eine Gabe Morgens und Abends.

Calcarea carb., wenn der Ausschlag in der freien Luft verschwindet und in chroni=

schen Fällen. Eine Gabe Morgens und Abends.

Rhus tox., wenn es von ungesunder Nahrung oder feuchtem Wetter herrührt. Eine Gabe Morgens und Abends.

Allgemeines Verhalten.—Man vermeide alle Speisen, die es hervorzubringen scheinen, und gebrauche äußerlich nur lauwarmes Wasser, um das Jucken zu lindern.

Scharlachfriesel.

Das Scharlachfriesel erscheint in hellrothen Flecken, mit in die röthliche Fläche eingestreuten, dicht neben einander steckenden kleinen Knötchen oder Bläschen in Frieselform und breitet sich meist über den ganzen Körper aus; die Haut fühlt sich ganz rauh an, wenn man mit der Hand darüber hinstreicht. Es hat in seinen allgemeinen Erscheinungen viel Aehnlichkeit mit dem Scharlachfieber, indeß erscheint letzteres regelmäßig zuerst im Gesicht, dann am Körper, und zuletzt an den Gliedmaßen, wogegen ersteres unregelmäßig, oder nur an gewissen Stellen, oder auf einmal am ganzen Körper erscheint.

Aconit im Anfang, wenn Fieber vorhanden ist. Eine Gabe drei Mal täglich.

Belladonna, wenn der Kopf angegriffen ist. Eine Gabe alle drei oder vier Stunden.

Coffea bei großer Unruhe, Reizbarkeit oder Aufgeregtheit. Eine Gabe alle drei oder vier Stunden.

Allgemeines Verhalten. — Aufmerksamkeit auf Diät, Temperatur und Reinlichkeit tragen viel zur Heilung bei.

Scharlachfieber.

Kennzeichen. — Die Krankheit beginnt mit den gewöhnlichen Fieber-Symptomen und Schmerz im Halse beim Schlingen; am zweiten oder dritten Tage bricht der Ausschlag zuerst im Gesicht, am Rücken, Hals und Brust aus und verbreitet sich dann nach unten; gegen den fünften Tag fängt die Haut an, sich abzuschälen, und in einer Woche ist der Ausschlag gewöhnlich verschwunden.

Aconit im Anfang, wenn das Fieber stark ist. Eine Gabe alle drei bis vier Stunden.

Belladonna ist das Hauptmittel bei uncomplizirtem Scharlachfieber. Eine Gabe alle drei bis vier Stunden.

Mercur. jod. — Bösartige, in Eiterung übergehende Halsentzündung. Gabe wie Belladonna, oder kann auch abwechselnd mit Belladonna gegeben werden.

Sulphur, wenn die Krankheit im Abnehmen ist, zur Vollendung der Cur. Eine Gabe Morgens und Abends mehrere Tage.

Als Vorbeugungsmittel, wo Scharlachfieber oder Friesel in der Nachbarschaft auftritt, gebe man allen Kindern, welche diese Krankheit noch nicht überstanden haben, alle drei bis vier Tage eine kleine Gabe Belladonna; bricht die Krankheit aber im Hause aus, so lasse man täglich eine Gabe nehmen. Durch dieses Verfahren wird man in den meisten

2*

Fällen die Ansteckung verhindern, oder wenigstens die Krankheit ungewöhnlich mild und gutartig verlaufen machen.

Allgemeines Verhalten. — Man sorge für leichte Diät und ein gut ausgelüftetes, aber nicht kaltes Zimmer.

Masern.

Kennzeichen. — Diese meist gutartige Krankheit beginnt stets mit Fieber und katarrhalischen Erscheinungen; besonders ist der Husten sehr trocken und schwierig, und gewöhnlich sind auch die Augen angegriffen und geröthet; am vierten Tage erscheinen auf der Haut, zuerst im Gesicht, kleine rothe Punkte, die sich zu erbsengroßen Flecken vergrößern und bald den ganzen Körper bedecken. In vier bis fünf Tagen verschwindet der Ausschlag wieder.

Aconit, wenn die Fieber-Erscheinungen sehr heftig sind. Eine Gabe drei oder vier Mal täglich.

Pulsatilla ist das Hauptmittel in dieser Krankheit und kann gegeben werden, sobald wie die Fieber-Symptome nachlassen, oder auch abwechselnd mit Aconit. Eine Gabe drei bis vier Mal täglich.

Bryonia. — Bei verzögertem oder zurückgetretenem Ausschlage; bei trockenem Husten und Stichen in der Brust beim Athemholen und beim Husten. Eine Gabe alle drei oder vier Stunden.

Sulphur. — Zur Vollendung der Kur, wenn nach Aconit und Pulsatilla noch ein chronischer Husten ꝛc. zurückbleibt. Eine Gabe Morgens und Abends.

Allgemeines Verhalten. — Man sorge für leichte Diät und ein gut durchlüftetes, aber nicht kaltes Zimmer.

Rose.

Kennzeichen. — Entzündung der Haut mit Fieber und brennenden stechenden Schmerzen; der entzündete Theil ist heiß, gespannt und geschwollen und von hoher Röthe, welche bei Fingerdruck verschwindet, aber sogleich wiederkommt, sobald der Druck nachläßt; zuweilen erscheinen viele kleine Bläschen auf dem entzündeten Theile (Blasenrose). Die Entzündung kann an jedem Theile des Körpers vorkommen, befällt aber am häufigsten das Gesicht, wo sie am gefährlichsten werden kann.

Aconit. — Fieber, heiße, brennende Haut, großer Durst. Eine Gabe alle vier Stunden.

Belladonna. — Brennende Hitze, Röthe und Geschwulst der Theile; Durst, heftiges Kopfweh und große Unruhe. Eine Gabe alle vier Stunden.

Rhus, besonders bei bläschenartigen Ausschlägen. Eine Gabe dreimal täglich.

Allgemeines Verhalten. — Auflegen von Watte oder Bestreuen von Roggenmehl, letzteres namentlich bei aufgegangenen und nässenden Blasen, ist sehr zu empfehlen. Mit der Diät muß man sehr vorsichtig sein.

Spitzpocken.

Kennzeichen. — Mäßiges Fieber; an verschiedenen Stellen des Körpers erscheinen rothe Flecken, aus welchen sich in ein bis zwei Tagen linsen- bis erbsengroße flache Bläschen mit hellem Inhalt entwickeln, welche in wenigen Tagen wieder verschwinden, indem sie an der Spitze aufbrechen und zu kleinen Krusten zusammenschrumpfen.

Aconit muß im Anfang gegeben werden, wenn viel Fieber vorhanden ist. Eine Gabe alle drei oder vier Stunden.

Belladonna. — Kopfschmerzen, Schlaflosigkeit, oder wenn Zeichen von Blutandrang nach dem Kopfe vorhanden sind. Eine Gabe alle drei oder vier Stunden.

Rhus wird für das beste allgemeine Mittel in dieser Krankheit angesehen. Eine Gabe alle drei oder vier Stunden.

Allgemeines Verhalten. — Leichte Diät; man halte den Patienten kühl und das Zimmer gut gelüftet.

Pocken.

Kennzeichen. — Zuerst zeigt sich Fieber mit trockener Hitze, Ziehen in den Gliedern, Rückenschmerzen und Uebelkeit; am dritten Tage bilden sich auf der Haut kleine rothe Pünktchen, zuerst im Gesicht und in zwei oder drei Tagen über den ganzen Körper. Vom fünften bis achten Tage entsteht aus dem rothen Knötchen in der Mitte eine Pustel, welche sich mit Eiter füllt und auf deren Mitte eine nabelähnliche Vertiefung sichtbar ist; gegen den zehnten Tag platzen die Bläschen und bilden eine Kruste, welche nach einigen Tagen abfällt. Während dem daß sich die Pusteln bilden und füllen, schwillt das Gesicht an; auch ist Halsweh und oft Schlingbeschwerde zugegen.

Aconit, während dem Entwickelungs-Stadium, wenn heftiges Fieber vorhanden ist. Eine Gabe alle drei Stunden.

Mercurius ist passend nach dem Erscheinen der Bläschen, besonders wenn Gesichtsgeschwulst, stinkender Mundgeruch und Speichelfluß vorhanden ist. Eine Gabe alle drei oder vier Stunden.

Tartar. emetic. — Ein Hauptmittel in dieser Krankheit, und sollte stets gegeben werden, sobald man Pocken vermuthet. Es erleichtert das krampfhafte Würgen, das Uebelsein und den oft sehr quälenden heiseren Husten. Eine Gabe alle drei oder vier Stunden.

Sulphur. — Gegen das Ende der Krankheit, wenn die Krusten sich gebildet haben. Eine Gabe drei Mal täglich.

Allgemeines Verhalten. — Gleich beim Beginn der Krankheit verdunkle man das Zimmer, sorge für gleichmäßige Temperatur und lasse täglich frische Luft ins Zimmer, ohne daß Zugluft den Kranken berührt. Man gebe nichts als frisches Wasser, Milch, Gersten- oder Haferschleim. Zur Linderung des Juckens bestreiche man die Pusteln mit Rahm vermittelst eines feinen Pinsels.

Gemüthsbewegungen.

In Folge von heftigen Leidenschaften und Gemüthsbewegungen wie Schreck, Aerger oder Zorn, entstehen oft Unpäßlichkeiten Diese erfordern besondere, der Entstehungs= Ursache entsprechende Mittel.

Nachtheilige Folgen von Schreck.

Aconit, wenn Ohnmacht, Krämpfe oder Herzklopfen, von Schreck entsteht. Eine Gabe alle ein oder zwei Stunden, nach den Umständen.

Ignatia, wenn Durchfall in Folge von Schreck entsteht. Eine Gabe drei Mal täglich.

Nachtheilige Folgen von Kummer.

Ignatia, wenn Durchfall oder Kopfweh von Kummer und Gram entsteht. Eine Gabe drei Mal täglich.

Nachtheilige Folgen von Zorn oder Aerger.

Chamomilla ist das passendste Mittel, wenn Kolik, Durchfall, Verdauungsbeschwerden, Kopfweh, Gelbsucht oder Krämpfe die Folgen eines Anfalles von Zorn oder Aerger sind. Eine Gabe alle drei oder vier Stunden, nach Umständen.

Allgemeines Verhalten. — In vielen Fällen kann eine Neigung zu heftigen Gemüthsbewegungen durch diätetische Vorschriften, kaltes Baden, Bewegung ꝛc. geregelt werden, und Personen, die solchen unterworfen sind, sollten alle ihnen zu Gebote stehenden Mittel anwenden, ihr Nervensystem zu stärken und zu kräftigen.

Schlagfluß.

Kennzeichen. — Plötzlicher Verlust des Bewußtseins, der Sprache und Bewegung, Röthe oder Blässe des Gesichts, langsames schnarchendes Athmen; der Kranke liegt in einem schlafsüchtigen Zustande, aus dem er nicht zu erwecken ist.

Aconit, wenn Zeichen des Anfalls sich einstellen; heftiges Kopfweh über den Augen, besonders beim Bücken oder Husten.

Arnica, bei Lähmung der Glieder, besonders der linken Seite, und unwillkührlichem Stuhl- und Harnabgang. Eine Gabe jede Stunde.

Belladonna, wenn Zeichen von Blutandrang nach Kopf und Brust vorhanden sind. Eine Gabe jede Stunde.

Nux vomica, für Personen, die dem Trunk ergeben sind, oder Folgen von überladenem Magen. Eine Gabe jede Stunde.

Allgemeines Verhalten. — Man bringe den Kranken in eine kühle luftige Stube, entferne alle enge Kleidung, lasse den Kopf hoch liegen und die Füße in heißes Wasser stellen und sende schleunigst nach einem Arzte.

Blutandrang nach dem Kopfe.

Kennzeichen.—Vollheits- und Schweregefühl im Kopfe; Kopfschmerzen, meist über den Augen, durch Bücken, Husten ꝛc. verschlimmert; Klopfen der Kopfadern, Schwindel.

Aconit und **Belladonna** ist in den meisten Fällen ausreichend. Eine Gabe abwechselnd alle ein bis vier Stunden.

Nux vomica, bei Blutandrang von Verdauungsschwäche, von viel Sitzen, Stuhlverstopfung oder Genuß spirituöser Getränke. Eine Gabe alle zwei bis vier Stunden.

Allgemeines Verhalten.—Als Vorbeugungsmittel mache man sich täglich Bewegung, vermeide erhitzende und aufregende Getränke und gebrauche reichlich kaltes Wasser, sowohl innerlich wie äußerlich.

Schwindel

kann von Magenverderbniß, Schwäche oder Blutandrang entstehen.

Belladonna. — Schwindel von Blutandrang nach dem Kopfe. Eine Gabe Morgens und Abends.

Nux vomica. — Schwindel im Freien; nach der Mahlzeit; schlimmer beim Bücken oder des Morgens. Eine Gabe Morgens und Abends.

Pulsatilla.—Schlimmer Abends; besser im Freien. Eine Gabe Morgens und Abends.

Allgemeines Verhalten. — Wer dem Schwindel unterworfen ist, gebrauche reichlich kaltes Wasser, sowohl zum Trinken wie zum Waschen, und gehe viel in die freie Luft.

Kopfschmerzen.

Kopfschmerz kann aus verschiedenen Ursachen entstehen, z. B. von Verdauungsleiden, Katarrh, Blutandrang nach dem Kopfe, Nervenschwäche 2c. Er ist häufig nur das Symptom einer andern Krankheit, welche geheilt werden muß, ehe Linderung erfolgen kann.

Gastrische Kopfschmerzen.

Bryonia. — Klopfender, zuckender oder ziehender Stirnkopfschmerz; Stuhlverstopfung; Uebelkeit und Erbrechen. Eine Gabe drei Mal täglich.

pecacuanha. — Uebelkeit; Erbrechen von Genossenem oder Galle. Eine Gabe drei Mal täglich

Nux vomica. — Uebelkeit und saures Erbrechen; Kopfweh, besonders über den Augen; Schwindel, Stuhlverstopfung. Eine Gabe drei Mal täglich.

Pulsatilla. — Uebelkeit oder Erbrechen von Speisen; halbseitige reißende oder zuckende Schmerzen, Klopfen und Stechen. Eine Gabe drei Mal täglich.

Katarrhalische Kopfschmerzen.

Belladonna. — Großes Vollheitsgefühl im Kopfe, besonders über den Augen; äußerste Empfindlichkeit gegen das geringste Geräusch. Eine Gabe drei Mal täglich.

Mercurius. — Vollheitsgefühl im Kopfe, reißende, stechende und bohrende Schmerzen, oder halbseitiges Reißen bis in die Zähne, mit Stichen in den Ohren; Verschlimmerung Nachts und durch Bettwärme. Eine Gabe drei Mal täglich.

Nux vomica. — Kopfweh und Schwere des Kopfes, besonders beim Bewegen der Augen, mit Verstopfung der Nase. Eine Gabe drei Mal täglich.

Kopfschmerzen von Blutandrang.

Belladonna. (Siehe katarrhalische Kopfschmerzen.)

Bryonia. — Kopfweh, mit Zusammenpressen im Kopfe; Stuhlverstopfung. Eine Gabe drei Mal täglich.

Nux vomica. — Kopfweh, besonders über den Augen; Stuhlverstopfung; Schwindel; Schläfrigkeitsgefühl. Eine Gabe drei Mal täglich.

Nervöse Kopfschmerzen.

Coffea, wenn durch Aufregung hervorgerufen. Eine Gabe drei Mal täglich.

gnatia, wenn durch Gram entstanden; momentane Erleichterung durch Bewegung. Eine Gabe drei Mal täglich.

Nux vom. — Morgens schlimmer; erregt durch Gemüthsbewegungen oder Müdigkeit und erhöht in freier Luft oder nach dem Essen. Eine Gabe drei Mal täglich.

Pulsatilla. — Abends schlimmer; besser in freier Luft; erhöht im Zimmer oder beim Niederlegen. Eine Gabe drei Mal täglich.

Periodische Kopfschmerzen.

Sulphur wird in den meisten Fällen sich hülfreich erweisen. Eine Gabe drei Mal täglich.

Rheumatische Kopfschmerzen.

Chamomilla. — Reißende einseitige Schmerzen, bis in die Kinnlade. Eine Gabe drei Mal täglich.

Bryonia. — Stechende Schmerzen, schlimmer bei Bewegung und veränderlichem Wetter. Eine Gabe drei Mal täglich.

Kopfschmerzen in Folge von Gram oder Zorn.
(Siehe Gemüthsbewegungen.)

Allgemeines Verhalten. — Halte gute Diät, und bei katarrhalischen Kopfschmerzen wasche das Gesicht mit warmem Wasser; bei nervösem Kopfweh lege man sich in einem dunkeln Zimmer ruhig nieder und gebrauche kalte Bäder als Vorbeugungsmittel. (Siehe Erkältungen.)

Nasenbluten

ist zuweilen eine heilsame Anstrengung der Natur und erleichtert Kopfweh, Schwindel ꝛc.

Arnica, nach Schlag, Stoß ꝛc. Eine Gabe alle zwei Stunden.

Belladonna, bei Zeichen von Blutandrang nach dem Kopfe; Gesichtsröthe, Anschwellung der Kopfadern. Eine Gabe alle drei oder vier Stunden.

Rhus, wenn in Folge körperlicher Anstrengung. Eine Gabe drei oder vier Mal täglich.

Allgemeines Verhalten. — Man bade Nase und Gesicht mit kaltem Wasser; oft hilft es, wenn man einen Schlüssel oder sonst einen kalten Gegenstand hinten auf's Genick drückt.

Katarrhalische Schwerhörigkeit.

Schwerhörigkeit entsteht oft durch oder ist eine Folge von Erkältung.

Mercurius wird gewöhnlich Erleichterung verschaffen. Eine Gabe alle vier Stunden.

Allgemeines Verhalten. — Man halte das Ohr warm und bedecke es gut mit Flanell. Wenn es sehr trocken und Mangel an Ohrenschmalz vorhanden ist, so tröpfele man ein wenig Glycerine auf ein Stückchen Watte und bringe es sorgfältig in das Ohr.

Ohrenschmerzen

entstehen gewöhnlich nach Erkältung und werden häufig von Zahnschmerzen begleitet.

Chamomilla. — Reißende Schmerzen; Trockenheit der Ohren, besonders wenn durch Erkältung entstanden. Eine Gabe alle zwei Stunden.

Mercurius. — Bei stechenden Schmerzen, oder Reißen bis in die Backen und Zähne; Vermehrung der Schmerzen durch Bettwärme; Ausfließen von Ohrenschmalz. Eine Gabe alle zwei Stunden.

Pulsatilla. — Schmerzen mit Röthe, Geschwulst und Hitze des äußeren Ohres, mit Summen in den Ohren; Eiter=Ausfluß aus den Ohren. Eine Gabe alle zwei Stunden.

Allgemeines Verhalten.—Befeuchte ein Stückchen Watte mit einigen Tropfen Glycerine und bringe es in das Ohr; halte das Ohr warm.

Ohrenbraufen

entsteht häufig von Blutandrang nach dem Kopfe, von Erkältung ꝛc.

Belladonna, wenn es von Blutandrang nach dem Kopfe herrührt. Eine Gabe drei Mal täglich.

Nux vomica, wenn es des Morgens schlimmer ist. Eine Gabe drei Mal täglich.

Pulsatilla, wenn es sich des Abends verschlimmert. Eine Gabe drei Mal täglich.

Ohren-Entzündung.

Kennzeichen. — Große Schmerzen in den Ohren mit nachfolgender innerer und äußerer Geschwulst und Röthe.

Aconit bei starkem Fieber.

Pulsatilla ist das Hauptmittel in dieser Krankheit. Eine Gabe alle vier Stunden.

Allgemeines Verhalten. — Bei sehr heftigen Schmerzen lege man heißen Flanell oder heiße Kleien-Umschläge auf die leidenden Theile.

Ohrdrüsen-Entzündung (Ziegenpeter).

Kennzeichen. — Geschwulst der Speicheldrüsen hinter den Ohren und unter den Kinnladen, begleitet von Fieber, Kopfweh 2c.

Belladonna, bei sehr rothem Geschwulst, oder wenn das Gehirn angegriffen ist. Eine Gabe alle vier Stunden.

Mercurius wird in den meisten Fällen genügen. Eine Gabe drei Mal täglich.

Allgemeines Verhalten. — Man bedecke die leidenden Theile mit Flanell, und vermeide sich der Kälte auszusetzen.

Gesichtsschmerz.

Kennzeichen. — Dieser sehr peinigende und gewöhnlich sehr heftige reißende Schmerz hat seinen Sitz im Gesichtsnerven und beginnt oft am Ohr oder unter dem Auge 2c.

Aconit. — Röthe und Hitze des Gesichts; große Unruhe und Aufregung. Eine Gabe alle zwei Stunden.

Arsenicum. — Sehr heftige, brennende,

stechende Schmerzen, wie von unzähligen glühenden Nadeln, mit Kräfteverfall; schlimmer nach einer Mahlzeit; erleichtert durch äußerliche Hitze; großer Durst. Eine Gabe alle zwei Stunden.

Belladonna. — Wenn der Schmerz unter dem Auge am heftigsten ist; zuckende Schmerzen in den Wangenknochen und der Kinnlade; Schmerzen, die sich bis in den Augapfel ziehen. Eine Gabe alle zwei Stunden.

China. — Bei periodischen Anfällen; Verschlimmerung bei der leisesten Berührung. Eine Gabe alle zwei Stunden.

Allgemeines Verhalten. — Man halte Diät, wasche jeden Morgen das Gesicht mit kaltem Wasser, sowohl als Vorbeugungsmittel wie zur Unterstützung der Behandlung.

Geschwulst der Backen

entsteht gewöhnlich von Erkältung, Zahnschmerz oder einem Geschwür.

Chamomilla. — Harte Geschwulst; rothes

und heißes Gesicht. Eine Gabe Morgens und Abends.

Mercurius.—Wenn die Drüsen geschwollen und schmerzhaft sind und Speichelfluß aus dem Munde vorhanden ist. Eine Gabe Morgens und Abends.

Allgemeines Verhalten. — Man bähe das Gesicht mit heißem Wasser.

Geschwollene oder entzündete Drüsen.

Die Drüsen-Anschwellungen kommen oft in Folge von Erkältung vor, und nur mit dieser Form haben wir hier zu thun. Chronische Drüsen-Anschwellungen deuten auf eine tiefliegende constitutionelle Krankheit und erfordern eine längere Kur.

Belladonna, wenn die Geschwulst ein sehr rothes Aussehen hat und Entzündung vorhanden ist. Eine Gabe Morgens und Abends.

Mercurius, wenn die Drüsen hart, roth, heiß und beim Druck schmerzhaft sind. Eine Gabe Morgens und Abends.

Allgemeines Verhalten. — Man halte die Theile warm und gut mit Flanell bedeckt.

Augen-Entzündung.

Kennzeichen. — Hitze, Schmerzen und Röthe der Augen, Lichtscheu, Kopfweh und Fieber.

Aconit, im Beginn des Anfalls, wenn heftige Fieber-Symptome vorhanden sind. Eine Gabe Morgens und Abends.

Belladonna. — Röthe des Weißen im Auge; Lichtscheu; Schmerzen um die Augen herum oder im Kopfe. Eine Gabe Morgens und Abends.

Pulsatilla. — Schlimmer in freier Luft; Thränen- und Schleim-Absonderung; Zukleben der Augen. Eine Gabe Morgens und Abends.

Allgemeines Verhalten. — Man schütze das Auge vor Licht und Luftzug und bade es öfter mit warmer Milch und Wasser. (Siehe Nachtheilige Folgen von Erkältung.)

Augenlider-Entzündung.

Kennzeichen. — Röthe, Geschwulst und Schmerzhaftigkeit der Augenlider, innerlich und äußerlich.

Belladonna. — Geschwulst und Röthe der Lider mit beständigem Zusammenkleben. Eine Gabe Morgens und Abends.

Hepar. — Röthe der Lider, mit nächtlicher Zusammenklebung. Eine Gabe Morgens und Abends.

Pulsatilla. — Röthe der Lider, Schleimabsonderung, nächtliches Zusammenkleben.

Allgemeines Verhalten. — Man bade die Theile mit warmer Milch und Wasser.

Augenfluß (Thränen der Augen)

entsteht häufig von allgemeiner Schwäche der Augen, und nur diese Form ist es, welche wir hier behandeln.

Sulphur ist in vielen Fällen von Nutzen.

Allgemeines Verhalten. — Man bade die Augen häufig mit kaltem Wasser und halte

Diät. Da der allgemeine Gesundheitszustand in naher Verbindung mit schwachen Augen steht, so würde es rathsam sein, die unter dem Artikel über Verdauungsschwäche unter „Allgemeines Verhalten" gegebenen Rathschläge zu berücksichtigen.

Gerstenkorn.

Dies ist eine kleine harte Geschwulst am Augenlide, mit Entzündung und Fieber, und mehr oder minder schmerzhaft.

Pulsatilla. — Im Anfange, ehe die Eiterbildung begonnen hat. Eine Gabe Morgens und Abends.

Hepar. — Wenn die Eiterung angefangen hat. Eine Gabe Morgens und Abends.

Allgemeines Verhalten. — Man bade das Augenlid mit warmem Wasser, und wenn sich Eiter gebildet hat, mache man heiße Umschläge von Weißbrod und Milch.

Zahnbeschwerden der Kinder.

Der Durchbruch der Zähne bei Kindern verursacht vielerlei Krankheiten, welche häufig mit gefährlichen Zufällen verbunden sind. Die meisten während dem Zahnen auftretenden Beschwerden sind den unter „Schlaflosigkeit," „Durchfall," „Krämpfe" und „Zahnfieber" erwähnten ähnlich und erfordern gewöhnlich dieselbe Behandlung. Eine kurze Wiederholung der Mittel wird hier genügen.

Coffea, bei Unruhe und Aufregung.

Nux oder **Bryonia,** wenn Stuhlverstopfung zugegen ist.

Chamomilla oder **Mercurius,** wenn Durchfall vorhanden ist.

Aconit oder **Chamomilla,** bei Fieber.

Belladonna oder **Coffea,** bei Schlaflosigkeit.

Belladonna oder **Chamomilla,** wenn Krämpfe sich einstellen.

Calcarea, wenn der Durchbruch der Zähne sich sehr verzögert.

Eine Gabe des passenden Mittels kann zwei bis drei Mal täglich, den Umständen gemäß, gegeben werden.

Allgemeines Verhalten. — Besondere Aufmerksamkeit muß während der Zahnperiode der Nahrung des Kindes, welche einfach und nicht reizend sein sollte, gewidmet werden, und wenn das Kind noch nicht entwöhnt ist, sollte die Mutter dieselbe Vorsicht in ihrer Diät beobachten.

Schwämmchen.

Eine Krankheit der Säuglinge und Folge von Säurebildung oder Unreinlichkeit. Kleine Bläschen oder Geschwüre, die oft vom Munde durch die ganze Schleimhaut hindurch bis in den After hinab gehen.

Mercurius paßt in fast allen Fällen. Eine Gabe Morgens und Abends.

Sulphur muß **Mercurius** folgen, wenn es nothwendig ist. Eine Gabe Morgens und Abends.

Allgemeines Verhalten. — Man sorge für die größte Reinlichkeit, wasche den Mund öfter mit lauwarmem Wasser aus; sorge für Durchlüftung des Zimmers und regelmäßigen Stuhlgang, und bringe das Kind öfter in die frische Luft, so oft es das Wetter erlaubt.

Mundfäule.

Bei dieser Krankheit entstehen am Zahnfleisch und der Schleimhaut des Mundes kleine Geschwürchen, die heftig schmerzen und einen fauligen Geruch und bedeutenden Speichelfluß verursachen; zugleich wird das Zahnfleisch schwammig, geschwollen, mißfarbig, tritt von den Zähnen zurück und blutet leicht.

Carbo veg., wenn Merkurmißbrauch die Ursache ist, oder das Zahnfleisch leicht blutet. Eine Gabe Morgens und Abends.

Mercurius ist in den meisten Fällen ausreichend. Eine Gabe Morgens und Abends.

Allgemeines Verhalten. — Während

der Heftigkeit der Krankheit vermeide man alle Fleischspeisen, selbst Fleischsuppen; Mehlspeisen und Gemüse müssen die ganze Nahrung ausmachen. Man halte den Mund rein und vermeide arzneihaltige Zahnmittel.

Bluten des Zahnfleisches

ist zuweilen ein Zeichen von Magenverderbniß, entsteht aber auch häufig nach Merkurmißbrauch.

Carbo veg., wenn es von Merkurmißbrauch herrührt. Eine Gabe Morgens und Abends.

Mercurius, in den meisten Fällen (ausgenommen, wenn von Mißbrauch dieses Arzneistoffes herrührend), besonders wenn das Zahnfleisch schwammig, geschwollen und schmerzhaft ist. Eine Gabe Morgens und Abends.

Allgemeines Verhalten. — Man vermeide arzneihaltige Zahnmittel und reinige die Zähne öfters mit einer weichen Bürste.

Zahngeschwür

kann von einem schlechten Zahne, einer Erkältung oder von Störung der Verdauungsorgane entstehen.

Belladonna, bei großer Röthe und Entzündung. Eine Gabe Morgens und Abends.

Hepar, wenn die Eiterung begonnen hat. Eine Gabe Morgens und Abends.

Mercurius, wenn das Geschwür hart und schmerzhaft ist. Eine Gabe Morgens und Abends.

Allgemeines Verhalten.—Man lege eine warme Feige auf das Geschwür in den Mund, halte den Kopf mit einem Tuch verbunden, bade die Backe öfter und spüle den Mund mit warmem Wasser aus.

Zahnschmerzen

entstehen von verschiedenen Ursachen, wie Verdauungsschwäche, Rheumatismus, hohlen Zähnen, Hysterie ꝛc.

Zahnschmerzen von Erkältung: Chamomilla, Dulcamara, oder Mercurius.

Zahnschmerzen von hohlen Zähnen: Belladonna, Mercurius, oder Nux vomica.

Zahnschmerzen von Verdauungsschwäche: Nux.

Nervöse Zahnschmerzen: Belladonna, Chamomilla, oder Nux.

Rheumatische Zahnschmerzen: Chamomilla, oder Mercurius.

Zahnschmerzen bei Kindern: Chamomilla.

Belladonna.—Schmerzen, welche sich des Abends oder Nachts nach dem Niederlegen, oder in freier Luft und durch Essen und Bewegung verschlimmern; Hitze und Röthe des Gesichts. Eine Gabe alle ein oder zwei Stunden.

Chamomilla.—Bei unerträglichen Schmerzen in einer ganzen Seite, ohne daß ein Zahn besonders ergriffen ist; Geschwulst und Röthe des Gesichts; Verschlimmerung der Schmer=

zen Nachts in der Bettwärme, durch Genuß von Warmem oder Kaffee. Gabe wie Belladonna.

Dulcamara, bei Zahnschmerz von Erkältung, besonders wenn Durchfall vorhanden ist. Gabe wie Belladonna.

Mercurius, bei Schmerz in hohlen Zähnen bis ins Ohr und die Augen, verschlimmert durch die Bettwärme oder durch Essen und Trinken kalter Speisen und Getränke. Gabe wie Belladonna.

Nux vomica, bei nagendem Schmerz in hohlen Zähnen; Schmerz, als würde der Zahn ausgerenkt, mit einzelnen heftigen Stichen beim Lufteinziehen; schlimmer in freier Luft; oder wenn von einer Störung in den Verdauungsorganen herrührend. Gabe wie Belladonna.

Allgemeines Verhalten. — Reinigen der Zähne und Ausspülen des Mundes mit kaltem Wasser, zwei bis drei Mal täglich, ist zur Verhütung von Zahnschmerzen unumgänglich nothwendig.

Rachenbräune (Diphtheritis).

Diese Krankheit befällt nicht nur Kinder, sondern auch Erwachsene, und beginnt gewöhnlich mit einer heftigen Erkältung, mit Fieber und Schlingbeschwerden. Die Krankheit verläuft sehr rasch und zeichnet sich dadurch aus, daß der Kräfteverfall in gar keinem Verhältniß zu der Krankheitsdauer steht. In mild verlaufenden Fällen ist der Schlund einfach roth und geschwollen, wie bei Mandelentzündung oder Scharlachfieber. Diese Fälle weichen gewöhnlich den bei Halsweh verordneten Mitteln. Das Kennzeichen der Diphtheritis ist ein weißlicher Anflug auf der Mund- oder Rachenschleimhaut, der sich verdickt und dann als rahmartige Haut (Membran) auf der tiefrothen Schleimhaut in Fetzen locker aufzusitzen scheint, welche das Aussehen haben, als sei ein Stück dicke Sahne auf die Schleimhaut gelegt. Die Membranbildung greift bald weiter um sich und bedeckt in kurzer Zeit die ganze Mund- und Rachenhöhle bis zum Kehlkopf. Es stellt sich dann Athembeklemmung ein, und es ist dem Patienten fast unmöglich zu sprechen oder zu schlucken. Der stinkende Athem ist stets ein Zeichen von schlimmer Bedeutung. Der plötzliche Kräfteverfall, die charakteristische Membranbildung und der eigenthümliche Geruch des Athems unterscheidet die Diphtheritis vom gewöhnlichen Halsweh, Scharlachfieber, Mandelentzündung und geschwüriger Halsentzündung.

Behandlung.—Belladonna und Mercurius jodatus, abwechselnd in den ersten Stadien oder milderen Formen von Diphtheritis, mit Wundheitsschmerz, Brennen und Stechen im Halse, Krampf und Verengerungsgefühl im Schlunde, heftige Stiche im Halse und den Mandeln, besonders beim Schlingen;

Geschwulst des Zahnfleisches und der Zunge. Eine Gabe stündlich oder zweistündlich abwechselnd.

Kali bichromicum und **Mercurius jodatus** abwechselnd, sind gewöhnlich bei den heftigeren Formen oder den späteren Stadien der Diphtheritis die erfolgreichsten Mittel und sollten in der ersten Verreibung in ein oder zwei Gran-Gaben, alle ein bis zwei Stunden gegeben werden.

Diese Mittel sollten wenigstens zwölf Stunden lang abwechselnd gegeben und der Zeitraum zwischen den Gaben verlängert werden, wenn die Krankheit **nachläßt**.

Aconit, bei starken Fieber-Symptomen. Eine Gabe gelegentlich, in Verbindung mit den andern Mitteln.

Aeußerlich sind Umschläge von Salzwasser, mit Flanell überbunden, sehr zu empfehlen. Wenn der Patient alt genug ist, sollte er öfter mit lauwarmem Salzwasser gurgeln, oder auch mit einer Auflösung von Kali chloricum (ein Theil Kali chlor. auf sechzehn Theile Wasser).

Diät. — Kräftige Fleischbrühe, Weinsuppe, Branntwein und Wasser ꝛc. gebe man im Verhältniß zum Kräfteverlust des Patienten. Eine nährende und stärkende Diät sollte von Anfang an eingehalten werden.

Diese gefährliche Krankheit erfordert die prompte Behandlung eines zuverlässigen homöopathischen Arztes.

Mandelbräune.

Kennzeichen.—Röthe, Geschwulst und Entzündung der Mandeln, mit großem Schmerz und Schwierigkeit beim Schlingen und Schlucken, und Fieber-Symptomen.

Aconit im Anfang, wenn die Fieber-Symptome heftig sind. Eine Gabe alle vier Stunden.

Belladonna.—Großer Durst, helle Röthe des Gaumens und Halses; äußere Halsgeschwulst; schwieriges Schlingen mit einer

Art Zusommenschnüren im Halse beim Trinken. Eine Gabe alle vier Stunden.

Mercurius. — Stechende Schmerzen im Halse, die sich bis nach dem Ohr erstrecken; starker Speichelfluß; garstiger Mundgeschmack; Geschwürchen im Halse; Fieberschauer. Eine Gabe alle vier Stunden.

Mercurius jodatus ist das beste Präparat von Mercurius in dieser Krankheit.

Belladonna und **Mercurius** kann man im Wechsel geben.

Allgemeines Verhalten. — Einathmen von Dämpfen gibt oft Linderung.

Einfache Halsentzündung.

Kennzeichen. — Röthe und Trockenheit des Halses; Schmerzen beim Schlucken, welche sich zuweilen bis nach den Ohren ausdehnen; Heiserkeit, zuweilen Stimmlosigkeit und Fieber-Symptome.

Belladonna. — Schmerz, Röthe und Trockenheit im Halse; schwieriges Schlucken. Eine Gabe drei Mal täglich.

Mercurius. — Stechende Schmerzen, die sich bis nach den Ohren ausdehnen; belegte Zunge ꝛc. Eine Gabe drei Mal täglich.

Allgemeines Verhalten. — Einathmen von Dampf erleichtert häufig die Trockenheit und Schmerzen im Halse. Umschläge von kaltem Wasser um den Hals bringen oft Linderung.

Halsentzündung, geschwürige.

Belladonna, Mercurius. (Siehe Mantelbräune.)

Arsenicum gebe man bei fauligen oder brandigen Geschwüren im Halse, besonders wenn große Schwäche damit verbunden ist. Eine Gabe alle zwei oder drei Stunden.

Halsweh, mit Verlängerung des Zäpfchens.

Kennzeichen. — Zuweilen hängt das Zäpfchen niedriger wie gewöhnlich, was durch eine Erschlaffung der Muskeln desselben verursacht wird. Dieser Zustand ist gewöhnlich mit Husten, von Kitzeln im Halse, leichter Entzündung und Halsweh begleitet.

Nux vomica, wenn von Störung der Verdauungsorgane begleitet. Eine Gabe zwei oder drei Mal täglich.

Mercurius, wenn von Erkältung entstanden, mit Geschwulst der Mandeln. Eine Gabe zwei oder drei Mal täglich.

Allgemeines Verhalten.—Begießen des Nackens mit kaltem Wasser, drei bis vier Mal täglich, ist sehr heilsam.

Halsweh der Prediger.

Dies ist eine Art chronische Heiserkeit und Schwäche der Stimme, durch zu große Anstrengung der Stimmkräfte verursacht, wie solches bei Predigern, Sängern, Advokaten ꝛc. vorkommt.

Hepar, Phosphorus, Spongia. — Das eine oder andere dieser Mittel wird man in diesem Uebel von Nutzen finden. Eine Gabe Morgens und Abends.

Allgemeines Verhalten. — Oeftere örtliche Anwendung von kaltem Wasser ist sehr vortheilhaft.

Husten

entsteht aus Reizungen der Athmungsorgane, oder ist Begleiter anderer Leiden, z. B. des Magens, der Leber ꝛc.

Trockener Husten.

Belladonna. — Krampfhafter Husten, mit oder ohne Halsweh; Kopfweh beim Husten; Nachts schlimmer. Eine Gabe alle zwei oder drei Stunden.

Bryonia. — Stiche in der Seite, oder Brustschmerzen, schwieriger Auswurf. Eine Gabe alle zwei oder drei Stunden.

Nux vomica. — Husten von rauhem, scharrigem Gefühl im Halse und Kitzel im Gaumen, mit Schmerz, als sollte der Kopf zerspringen, oder Schmerz im Magen oder unter den Rippen, früh am ärgsten; zäher Schleim im Halse, schwer sich lösend. Eine Gabe alle zwei oder drei Stunden.

Lockerer Husten mit Auswurf.

Dulcamara, besonders nach Erkältung; lockerer Husten mit leichtem Auswurf. Eine Gabe alle drei Stunden.

Pulsatilla.—Leicht lösender Auswurf oder Schleimrasseln, Stimmlosigkeit. Eine Gabe alle drei oder vier Stunden.

Sulphur in hartnäckigen Fällen, mit reichlichem Schleimauswurf. Eine Gabe drei Mal täglich.

Husten mit Heiserkeit.

Mercurius.—Heiserkeit, Halsweh, trockener erschütternder Husten. Eine Gabe drei Mal täglich.

Phosphorus. — Heiserkeit, Husten mit Brustschmerzen, Stimmlosigkeit. Eine Gabe drei Mal täglich.

Carbo vegetabilis. — Husten nach der geringsten Erkältung, hartnäckige Heiserkeit oder Stimmlosigkeit.

Kali bichromicum. — Husten mit sehr

zähem Schleimauswurf und Athembeschwerden und folgendem Schwindel.

Husten mit Halsweh.

Belladonna. — (Siehe Husten, trockener; Halsentzündung, einfache.)

Mercurius. — Trockener, erschütternder Husten. (Siehe Halsentzündung, einfache.)

Magenhusten.

Bryonia, wenn der Husten nach Essen oder Trinken entsteht, mit Erbrechen des Genossenen. Eine Gabe drei Mal täglich.

Nux vomica. — Zerschlagenheitsgefühl im Magen und in der Seite, und Schmerzen in diesen Theilen beim Husten. Eine Gabe drei Mal täglich.

Allgemeines Verhalten. — Oefteres Einathmen von Dämpfen ist sehr förderlich bei trockenem Krampfhusten; Personen, die zu Erkältungen geneigt sind, sollten die Brust täglich mit kaltem Wasser waschen und dann mit einem rauhen Handtuch tüchtig abreiben.

Croup (häutige Bräune).

Kennzeichen. — Beginnend wie eine gewöhnliche Erkältung, oft aber auch plötzlich ohne alle Vorläufer tritt in den ersten Nachtstunden, bei trockener brennender Fieberhitze, ein rauher, bellender oder krähender Husten auf, welcher ein charakteristisches Kennzeichen dieser Krankheit ist. Zwischen den Husten-Anfällen hört man bei jedem Athemzuge ein Pfeifen oder Sägen in der Luftröhre. Die Krankheit verläuft sehr rasch und ist zuweilen schon in wenigen Stunden tödtlich.

Aconit. — Brennende Hitze, Durst, kurzer trockener Husten, schnelles Athmen. Eine Gabe ein- oder zweistündlich.

Hepar. — Schleimrasseln; lockerer Husten, ohne viel Fieber; Erstickungsgefühl von Schleim im Halse. Eine Gabe alle zwei Stunden.

Spongia. — Hohler, trockener, bellender

Husten; geräuschvolles Athmen; Erstickungs=
Anfälle. Eine Gabe alle zwei Stunden.

Aconit und **Spongia** können abwechselnd
und bei sehr heftigen Anfällen alle fünfzehn
Minuten gegeben werden.

Allgemeines Verhalten. — Man
bringe das Kind sofort in ein warmes Bad.

Heiserkeit.

Begleitet gewöhnlich, oder ist die Folge
einer Erkältung.

Belladonna.—Heiserkeit, mit Halsentzün=
dung oder mit Schnupfen, bis zur Stimm=
losigkeit. Eine Gabe Morgens und Abends.

Carbo veg. — Hartnäckige langwierige
Heiserkeit; schlimmer bei feuchtem Wetter,
durch Sprechen und des Abends. Eine Gabe
Morgens und Abends.

Dulcamara. — Heiserkeit von Erkältung,
besonders feuchter oder nasser Kälte. Eine
Gabe drei Mal täglich.

Hepar, in langwierigen Fällen, mit oder

ohne trockenen Husten. Eine Gabe Morgens und Abends.

Mercurius, wenn mit Schnupfen, Halsweh oder Husten verbunden. Eine Gabe Morgens und Abends.

Phosphorus. — Krankheits= und Wundheitsgefühl des Halses und der Brust, besonders in langwierigen Fällen. Eine Gabe zwei oder drei Mal täglich.

Pulsatilla, bei lockerem Husten; Brustschmerzen; Absonderung eines dicken Schleimes aus der Nase. Eine Gabe Morgens und Abends.

Allgemeines Verhalten.—Man wasche Nacken und Gesicht öfters mit kaltem Wasser. (Siehe Husten, nachtheilige Folgen von Erkältung, Stimmlosigkeit ꝛc.)

Stimmlosigkeit

meistens die Folge von Erkältung und gewöhnlich ein höherer Grad von Heiserkeit.

Belladonna. — (Siehe Heiserkeit.)

Mercurius. — Rauhheit im Halse; Verschlimmerung Nachts und durch jeden Luftzug.

Phosphorus. — Trockenheit der Luftröhre und Brust; langwierige Stimmlosigkeit oder wenn mit Husten verbunden. Eine Gabe drei Mal täglich.

Allgemeines Verhalten.—Umschläge von kaltem Wasser verschaffen gewöhnlich Erleichterung.

Keuchhusten (Blauer Husten).

Kennzeichen. — Ist in drei Stadien getheilt; erstens, die Symptome einer Erkältung; zweitens, der Husten zeichnet sich durch seinen krankhaften und erstickenden Charakter aus, der in Anfällen auftritt, mit schnellen Ausstoßungen kurzer, bellender, stöhnender, pfeifender Hustentöne, die immer wieder von Neuem beginnen, bis das Kind Schleim herauswürgt oder bricht, öfters selbst Blut. Oft klingt es nur rasselnd, oder die Kinder schlucken den Schleim hinab; drittens der Husten

wird löslich und der begleitende eigenthüm=
liche Ton verschwindet.

Belladonna. — Trockner, bellender Husten,
mit Zeichen von Gehirnstörung, Halsweh.
Eine Gabe drei Mal täglich, den Umständen
gemäß.

Ipecacuanha. — Erstickungsgefahr; Blau=
werden im Gesicht; Schleimansammlung auf
der Brust. Eine Gabe drei Mal täglich.

Drosera,* wenn der Husten völlig ausge=
bildet ist; schnell wiederkehrende Hustenanfälle
mit klingendem Schalle, besonders Nachts;
Erbrechen des Genossenen, ohne Fieber. Eine
Gabe drei Mal täglich.

Cuprum. — Plötzlich auftretende Fälle von
Keuchhusten, mit Krämpfen, Starrwerden und
Ausbleiben des Athems, mit nachfolgendem
Erbrechen und großer Schwäche.

Pulsatilla, im dritten Stadium, wenn der

---

* Da Drosera in diesem Buche nur bei Keuchhusten
empfohlen ist, so ist es in der Liste von Medizinen nicht
mit angeführt. Es kann besonders gekauft werden.

Husten trocken ist. Eine Gabe zwei oder drei Mal täglich.

Allgemeines Verhalten.—Im ersten Stadium sollte eine leichte, und im zweiten eine nährende Diät beobachtet werden. Luftveränderung ist in dieser Krankheit von großem Nutzen.

Grippe (Influenza).

Kennzeichen. — Beginnt mit Fieberschauer, Ziehen in den Gliedern, Kopfschmerzen mit nachfolgender Verstopfung der Nase, häufigem Nießen, Fließschnupfen, Halsweh, Heiserkeit, Husten, Appetitlosigkeit, großer Schwäche, 2c.

Arsenicum. — Große Schwäche; Husten; Uebelkeit; wässeriger, scharfer Nasen-Ausfluß. Eine Gabe drei Mal täglich.

Mercurius. — Halsweh; Fließschnupfen; trockner Husten; geschwollene Mandeln. Eine Gabe drei Mal täglich.

Allgemeines Verhalten. — Es ist

zweckmäßig, ein oder zwei Tage, je nach der Heftigkeit des Anfalls, das Bett zu hüten, und im Uebrigen behandle man wie bei Schnupfen. (Siehe Schnupfen).

Luftröhren-Entzündung
(Bronchial Katarrh).

Kennzeichen. — Fieber; Husten, erst trocken, dann spärlicher, und später mehr reichlicher Auswurf; zuweilen mit Brust=schmerzen und Heiserkeit.

Bryonia. — Heftiger trockener Husten; stechende Schmerzen in der Seite; Kopf=schmerzen; Erbrechen. Eine Gabe alle drei oder vier Stunden.

Chamomilla. — Trockener Husten oder mit spärlichem Schleimauswurf von Kitzeln im Kehlkopf und in der Brust; Nachts schlimmer. Eine Gabe alle drei oder vier Stunden.

Mercurius.—Trockener erschütternder Hu=sten; Heiserkeit; Kopfbenommenheit; Schweiß=

ausbruch während des Hustens. Gabe wie Bryonia.

Phosphorus. — Trockener Husten, von Kitzel im Halse, oder mit Brustschmerzen, und begleitet von Heiserkeit oder Stimmlosigkeit. Eine Gabe drei Mal täglich.

Pulsatilla. — Loser Husten; Schleimrasseln; schlimmer beim Niederlegen. Gabe wie Bryonia.

Tartar emetic. — Im zweiten Stadium; bei vielem Schleimrasseln in den Luftwegen; Uebelkeit durch große Schleimansammlung, mit Hustenanfällen 2c. Gabe wie Bryonia.

Kali bichromicum, in langwierigen Fällen, mit Ansammlung von zähem, schwer sich lösendem Schleim. Eine Gabe drei Mal täglich.

Allgemeines Verhalten. — Bei Bronchial=Katarrh oder Schnupfen nehme man ein warmes Fußbad vor Schlafengehen und esse wenig. Zur Vorbeugung von Er= kältungen nehme man jeden Morgen ein

Schauerbad, oder wasche den ganzen Körper täglich mit kaltem Wasser. (Siehe Husten, Influenza.)

Asthma, Brustkrampf.

Kennzeichen.—Anfallsweise auftretende Kurzathmigkeit oder Athemnoth, mit krampfhaftem Zusammenschnüren der Brust, Husten und geräuschvollem Athmen.

Arsenicum. — Beschwerliches Athmen; schlimmer Nachts beim Niederlegen; nächtliche Erstickungsanfälle; Brustbeklemmung und große Schwäche; kalte Schweiße 2c. Eine Gabe jede Stunde.

Ipecacuanha.—Erstickungsanfälle; Gefühl von Zusammenschnürung und Schleimrasseln in der Brust. Eine Gabe jede Stunde.

Nux vomica. — Beklemmung, besonders des unteren Theiles der Brust; kurzer Husten, Verdauungsschwäche. Eine Gabe alle zwei Stunden.

Allgemeines Verhalten. — Wenn

die ersten Symptome des Anfalls sich zeigen, stecke Hände und Füße in heißes Wasser und athme den Dampf ein; Personen, die zu Asthma geneigt sind, sollten sehr vorsichtig in ihrer Diät sein.

Millar'sches Asthma
(Brustkrampf der Kinder).

Kennzeichen. — Unterscheidet sich von Croup dadurch, daß die Kinder meist aus ganz ruhigem Schlaf mit vollständigem Erstickungskrampfe erwachen, sowie durch den vorübergehenden Charakter der Anfälle und die Abwesenheit von Fieber.

Chamomilla. — Kurzer Athem, Unruhe und Schreien; Aufblähung des Magens. Eine Gabe jede Stunde.

Ipecacuanha. — Erstickungsgefahr, mit blauem Gesicht. Eine Gabe jede Stunde.

Sambucus.*—Wenn der Anfall während

---

* Sambucus ist nicht in der Liste der Medizinen mit

des Schlafs beginnt; trockener Husten und Schreien. Eine Gabe jede Stunde.

Allgemeines Verhalten. — Man lege einen in heißes Wasser getauchten Schwamm auf den Hals. (Siehe Croup.)

Schnupfen.

Kennzeichen.—Beginnt gewöhnlich mit Frösteln, mit folgendem leichten Fieber, Kopfweh, Schwere im Kopfe, Gefühl als sei die Nase verstopft, Niesen, vermehrte Schleimabsonderung aus der Nase.

Trockener oder Stockschnupfen.

Nux vomica. — Kopfschmerzen, Verstopfung der Nasenlöcher, Kopfbenommenheit, Gliederschmerzen. Eine Gabe vier Mal täglich.

Fließschnupfen.

Arsenicum bei Ausfluß von wässerigem scharfem Schleim; Uebelkeit und Schwäche-

---

aufgeführt, da es nur bei dieser Krankheit empfohlen ist. Man kann es separat kaufen.

gefühl, Besserung durch Wärme. Eine Gabe vier Mal täglich.

Mercurius.—Häufiges Niesen; Schleimausfluß aus der Nase; Wundheit der Nase und obern Lippe; Kopfweh. Eine Gabe vier Mal täglich.

Pulsatilla.—Wenn der Kranke nicht riechen oder schmecken kann, und bei Abgang von dickem, gelbgrünem oder übelriechendem Schleim. Eine Gabe vier Mal täglich.

Chronischer Schnupfen.

Kali bichromicum. — Langwieriger Schnupfen, mit Heiserkeit; zäher, fadenziehender Speichelauswurf; chronischer, entzündeter oder geschwüriger böser Hals; Husten 2c.

Sulphur.—Langwieriger Schnupfen mit reichlichem Schleimausfluß und bei vorhandenen Hautausschlägen.

Schnupfen der Säuglinge

Die Hauptursachen dieses Uebels sind, wenn die Kinder unklugerweise der Kälte ausgesetzt werden und der Bekleidung nicht die nöthige Aufmerksamkeit geschenkt wird.

Chamomilla. — Nasenverstopfung mit Wasserlaufen aus der Nase; Husten. Eine Gabe drei Mal täglich.

Nux vomica. — Bei trockener Nasenverstopfung, die am Saugen hindert und beim Schlafen den Mund offen zu halten nöthigt. Eine Gabe drei Mal täglich.

Allgemeines Verhalten.—Bei trockner Nasenverstopfung kann man die Nase äußerlich und innerlich mit ein wenig Mandelöl (sweet oil) oder Fett einreiben, oder wenn die Haut rauh ist, gebrauche man ein wenig Glycerin.

Lungenfell-Entzündung.

Kennzeichen. — Diese Entzündung kommt in Verbindung mit Lungenentzüntung oder auch allein vor und charakterisirt sich durch Fieber, heftiges Seitenstechen oder Drücken, vermehrt durch Sprechen, Athmen, Husten oder Druck; trockenen Husten, kurzabgestoßenes Athmen.

Aconit muß gegeben werden, so lange wie Fieber, Schmerzen und Husten heftig sind. Eine Gabe alle drei oder vier Stunden.

Bryonia, wenn nach Aconit noch Seitenstechen zurückbleibt. Eine Gabe alle drei oder vier Stunden.

Sulphur, zur Vollendung der Kur, wenn die Seite gegen Luft oder Bewegung noch empfindlich bleibt. Eine Gabe Morgens und Abends.

Allgemeines Verhalten. — Der Patient muß im Bette bleiben, und die Diät muß aus mehligen Nahrungsmitteln, Hafer- oder Gerstenschleim ꝛc. bestehen.

Uebler Mundgeruch

entsteht durch Verdauungsstörungen, Merkurmißbrauch, hohle Zähne, Krankheiten des Zahnfleisches, oder Mangel an Reinlichkeit.

Carbo veget., wenn von Merkurmißbrauch entstehend; leicht blutendes Zahnfleisch. Eine Gabe Morgens und Abends.

Mercurius, wenn von Krankheit des Zahnfleisches oder Mundfäule entstehend. Eine Gabe Morgens und Abends.

Nux vomica, wenn Verdauungsstörungen vorhanden sind; besonders wenn der Mundgeruch hauptsächlich Morgens sich bemerklich macht.

Pulsatilla, bei üblem Geruch, besonders Nachts. Eine Gabe Morgens und Abends.

Allgemeines Verhalten.—Man sei vorsichtig mit der Diät und spüle den Mund öfters mit warmem Wasser aus; die hohlen Zähne reinige man und sorge dafür, daß nach dem Essen keine Speisereste im Mund verbleiben.

Blähungsbeschwerden.

Die übermäßige Bildung und Anhäufung von Blähungen beruht im Allgemeinen auf Verdauungsschwäche und entsteht häufig nach dem Genuß von blähenden oder fetten Speisen, übermäßigem Kaffee- oder Theetrinken ꝛc.

China, wenn von blähenden Speisen entstehend. Eine Gabe Morgens und Abends.

Nux vom., besonders wenn die Beschwerden nach Trinken entstehen. Eine Gabe Morgens und Abends.

Pulsatilla, wenn von dem Genuß fetter oder schwerer Speisen entstehend. Eine Gabe Morgens und Abends.

Allgemeines Verhalten. — Man regele die Diät, wenn solche die Ursache der Erkrankung bildet, und vermeide zu fette, schwer verdauliche und blähende Speisen. Ist vieles Stubensitzen schuld, so mache man sich fleißige Bewegung in freier Luft.

Magenverderbniß, Magenschwäche entsteht durch Ueberladung des Magens, zu schnelles Essen, schädliche Genüsse, Gemüthsbewegung, Erkältung ꝛc.

Magenverderbniß entsteht häufig von Diätfehlern und von Genüssen, welche der Magen nicht vertragen kann, in welchem Falle es die Form einer vorübergehenden Unverdaulichkeit (Indigestion) annimmt; wenn aber durch beständige Vernachlässigung die Verdauungsorgane geschwächt werden, so ist chronische Unverdaulichkeit oder Magenschwäche (Dyspepsia) die Folge.

Ein vorübergehender Anfall von Magenschwäche in Folge von Mißbrauch gewisser Speisen und Getränke erfordert besondere Mittel, nach Beschaffenheit und Umständen der Entstehungsursache, wie bei

Magenverderbniß durch Essen u. Trinken.

Pulsatilla bei Verderbniß durch fette Speisen, Schweinefleisch, Buttergebackenes ꝛc.

Nux bei Verderbniß durch Kaffee, Wein ꝛc.

Arsenicum oder **Pulsatilla** bei Verderbniß durch Früchte oder Eis.

Aconit bei Verderbniß durch Zucker und Süßigkeiten.

Carbo vegetabilis bei Verderbniß durch Salziges.

China bei Verderbniß durch Fauliges und Gegohrnes.

Rhus bei Verderbniß durch Schalthiere, Muscheln ꝛc.

Bei Nesselausschlag durch ungesunde Speisen. (Siehe Nesselfriesel.)

Magenverderbniß durch Gemüthsbewegung u. s. w.

Chamomilla bei Verderbniß durch Aerger oder Zorn.

Aconit bei Verderbniß durch Furcht.

Ignatia bei Verderbniß durch Gram oder Kummer.

China oder **Nux** bei Verderbniß durch Schwäche.

Bryonia oder **Nux** bei Verderbniß durch sitzende Lebensweise.

Magenverderbniß durch Erkältung. (Siehe Erkältungen.)

Eine Gabe des passenden Mittels gebe man, den Umständen gemäß, alle vier bis sechs Stunden.

Symptome.—Sodbrennen, Blähungen, Uebelkeit, Leibschmerzen, Herzklopfen, Kopfweh 2c.; eins, mehrere oder alle diese Symptome können vorhanden sein, und für die Behandlung jedes einzelnen siehe unter den verschiedenen Abschnitten nach. Eine kurze gedrängte Uebersicht der hauptsächlichsten, von Magenverderbniß herrührenden Beschwerden nebst den in jedem einzelnen Falle passendsten Mitteln folgt hierbei.

Alpdrücken.—Nux oder Pulsatilla.

Blähungen.—China, Nux oder Pulsatilla.

Durchfall.—Pulsatilla.

Gallen-Beschwerden. — Chamomilla, Mercurius oder Nux.

Herzklopfen.—Nux oder Pulsatilla.

Kolik. — Nux, Pulsatilla oder Colocynthis.

Kopfschmerzen. — Bryonia, Nux oder Pulsatilla.

Sodbrennen.—Nux oder Sulphur.

Uebelkeit und Erbrechen.—Ipecacuanha, Nux oder Pulsatilla.

Verstopfung.—Bryonia oder Nux.

Bryonia. — Magenverderbniß bei Personen, welche zu Entzündung der Schleimhäute, Rheumatismen ꝛc. Anlage haben, oder im Sommer; Verstopfung. Eine Gabe Morgens und Abends.

China. — Unverdaulichkeit in Folge von Schwäche durch Blutverlust, Abführmittel ꝛc. Eine Gabe Morgens und Abends.

Hepar ist beinahe ein specifisches Mittel (mit einer gelegentlichen Gabe Sulphur) in chronischen und langwierigen Fällen von Verdauungsschwäche.

Ipecacuanha. — Magenverderbniß, mit Uebelkeit und Erbrechen. Eine Gabe drei Mal täglich.

Nux vomica. — Eins der besten Mittel für Magenverderbniß und besonders für Personen von lebhaftem, energischem, sanguinischem Temperament mit Anlage zu Verstopfung oder Hämorrhoiden, geeignet. Eine Gabe Morgens und Abends.

Pulsatilla. — Wie Nux vomica, aber besonders passend für das weibliche Geschlecht und Personen von sanfter Gemüthsart, mit Neigung zu Durchfall ꝛc. Eine Gabe Morgens und Abends.

Sulphur. — In den meisten Fällen von chronischer Verdauungsschwäche oder Magenverderbniß bei Personen mit nervösem und reizbarem Temperament, mit Anlage zu Hämorrhoiden. Eine Gabe.

Allgemeines Verhalten. — Die

besten Regeln zur Verhütung der Verdauungsbeschwerden sind: Man stehe früh auf, trinke sogleich ein Glas kaltes Wasser und wasche sich von Kopf bis Fuß mit kaltem Wasser, reibe die Haut vollkommen trocken und mache sich, wenn möglich, Bewegung in der freien Luft, oder sonst im Hause, bis man wieder vollkommen warm ist. Man trage hinreichende Kleidung, nehme drei Mahlzeiten täglich, ein tüchtiges Frühstück, ein kräftiges Mittagsessen und ein leichtes Abendbrod; beobachte eine einfache und gesunde Diät; vermeide alle stark gewürzten Speisen 2c., und Alles, was Einem nicht bekommt; esse langsam, kaue gründlich, trinke mäßig und für gewöhnlich Wasser zum Mittagsessen; zum Frühstück und Thee schwachen Thee oder Cacao; ein Glas Wasser zwei Stunden nach einer Mahlzeit befördert die Verdauung; strenge weder Geist noch Körper unmittelbar nach einer Mahlzeit an; mache täglich einen Spaziergang, — die beste Zeit ist zwischen Frühstück und Mittagsessen; — enthalte sich aller Reiz= und Abführmittel, gehe früh zu Bett und befleißige sich einer heiteren und zufriedenen Stimmung.

Magensäure der Kinder.

Gibt sich durch Durchfall zu erkennen, die Ausleerungen sind gewöhnlich grün; große Unruhe.

Chamomilla wird in den meisten Fällen genügen. Eine Gabe drei oder vier Mal täglich.

Allgemeines Verhalten. — Man gebe dem Kinde hinreichende Bewegung und vermindere die Quantität der Nahrung.

Sodbrennen.

Kennzeichen. — Ein vom Magen nach der Speiseröhre und dem Munde aufsteigendes, schmerzhaftes, brennendes Gefühl, von Unverdaulichkeit entstehend.

Nux vomica, besonders wenn es von sitz=

ender Lebensweise oder spirituösen Getränken herrührt. Eine Gabe drei Mal täglich.

Sulphur erleichtert heftiges Sodbrennen in den meisten Fällen, oder kann nach Nux gegeben werden.

Allgemeines Verhalten. — Ein Glas kaltes Wasser erleichtert oft den pressenden, brennenden Schmerz. Die an Sodbrennen Leidenden sollten genau die bei „Magenverderbniß" unter „Allgemeines Verhalten" gegebenen Rathschläge befolgen.

Magenkrampf.

Kennzeichen. — Der Magenkrampf beruht auf einer erhöhten Reizbarkeit der Magennerven, und kann aus verschiedenen Ursachen entstehen, z. B., durch Gemüthsbewegungen, unverdauliche Speisen ꝛc., und ist von krampfhaften und zusammenziehenden Schmerzen im Magen oder einem Gefühl von Zusammenschnürung in diesem Organ, verbunden; häufig ist Uebelkeit oder Erbrechen und selbst Ohnmachtsgefühl zugegen, welches durch Essen erleichtert oder verschlimmert werden kann.

Carbo veg. — Schmerzen durch Druck verschlimmert; schlimmer nach Essen und beim Niederlegen. Eine Gabe alle vier Stunden.

Cocculus. — Drücken, Klemmen und Raffen, besonders Zusammenschnüren gleich nach dem Essen, erleichtert durch Blähungsabgang. Eine Gabe alle vier Stunden.

Nux vomica. — Zusammenziehende, pressende und krampfhafte Schmerzen; Blähungen; Uebelkeit; Verstopfung; schlimmer nach Essen. Eine Gabe alle vier Stunden.

Allgemeines Verhalten. — Man bestrebe sich, eine gesunde Verdauung anzuregen, und während des Anfalls, wenn er heftig ist, nehme man eine Gabe Camphora alle Viertelstunden. (Siehe Magenverderbniß).

Appetitlosigkeit.

Ist gewöhnlich ein Symptom von Magen- und Verdauungsstörungen und Mangel an Thätigkeit der Verdauungs-Organe.

China, wenn keine besondere Störung des Organismus sich bemerkbar macht. Eine Gabe Morgens und Abends.

Nux vomica, wenn der Appetitverlust von sitzender Lebensweise, spätem Aufbleiben, Wein 2c., herrührt; schlimmer Morgens. Eine Gabe Morgens und Abends.

Pulsatilla, wenn es von fetten Speisen, Backwerk 2c., entstanden ist; schlimmer Abends. Eine Gabe Morgens und Abends.

Allgemeines Verhalten. — Man trinke reichlich kaltes Wasser und vermeide alle reizenden Speisen und Getränke zur Herstellung eines künstlichen Appetits. Man mache sich recht viel Bewegung in freier Luft und befolge die unter Magenverderbniß gegebenen allgemeinen Verhaltungs-Vorschriften.

Uebelkeit und Erbrechen.

Uebelkeit oder Erbrechen kann aus verschiedenen Ursachen entstehen, z. B., durch Gehirn-, Magen- oder Darm-Entzündung, durch Magenverderbniß, Gallenkrankheiten ꝛc.

Ipecacuanha. — Bei Ueberladung des Magens, oder mit Durchfall. Eine Gabe ein- oder zweistündlich.

Nux vomica. — Bei Magenschwäche oder galligem Erbrechen; Verstopfung. Eine Gabe alle zwei oder drei Stunden.

Pulsatilla, wenn durch den Genuß kräftiger oder fetter Speisen entstanden; saueres, bitteres Erbrechen; beständiges Uebelsein nach dem Essen; Frösteln. Eine Gabe alle zwei bis drei Stunden.

Arsenicum. — Heftiges Erbrechen, mit Leibschmerzen und Durchfall. Eine Gabe alle zwei oder drei Stunden.

Allgemeines Verhalten. — Während der Dauer des Erbrechens nehme man keine Nahrung, außer kaltes Wasser, Gersten= oder Haferschleim; Reizmittel zur Hemmung des Erbrechens sind sehr schädlich. Wenn es von überladenem Magen herrührt, so nehme man tüchtige Schlucke warmes Wasser, um es zu befördern.

Blutbrechen.

Ursachen. — Unterdrückung der monatlichen Regel, besonders beim Rückgang derselben im späteren Alter; Herz= und Leberkrankheiten; Magengeschwüre; äußere Veranlassungen, wie Stoß, Fall, ꝛc.

Symptome. — Die Vorboten oder Warnungs=Symptome sind: Schwindel, kalte Hände und Füße, Blähungen, Gefühl von Vollheit, Schwere, Schmerz oder Beklemmung in der Magengegend. Die wirklichen Symptome sind: Erbrechen von dunklem geronnenem durch die Magensäure geschwärzten, mit Speiseresten oder Galle vermischten Blute; Schwäche, langsamer Puls; bleiches Aussehen, gelbliche Augenfarbe.

Behandlung. — Diese Krankheit ist zu ernster Natur, um von Jemanden anders, als einem homöopathischen Arzte behandelt zu werden; bis aber sein Rath eingeholt werden kann, gebe man

Aconit und **Ipecacuanha** bis zur Ankunft des Arztes. Eine Gabe abwechselnd, alle fünfzehn bis dreißig Minuten, bis das Brechen aufhört, und dann alle zwei Stunden abwechselnd.

Heißhunger.

Ist häufig ein Zeichen von Würmern, Magenschwäche, Schwangerschaft, oder die Folge von schwächenden Krankheiten.

China, wenn während der Genesung nach schwächenden Krankheiten vorkommend. Eine Gabe Morgens und Abends.

Cina, wenn mit Wurmbeschwerden verbunden. Eine Gabe Morgens und Abends.

Nux vomica. — Unnatürlicher Hunger

während der Schwangerschaft, oder wenn von gestörter Verdauung entstehend. Eine Gabe Morgens und Abends. (Siehe Magenschwäche, Wurmbeschwerden.)

Seekrankheit.

Kennzeichen. — Uebelkeit und Erbrechen, durch die schaukelnde Bewegung des Schiffes veranlaßt, und oft von großer Schwäche und Erschöpfung begleitet.

Nux vomica nehme man, ehe man das Schiff betritt. Eine Gabe drei Mal täglich.

Petroleum* ist oft ein Specificum in diesem qualvollen Uebel. Eine Gabe Morgens und Abends.

Cocculus.* — Große Uebelkeit mit Unmöglichkeit des Erbrechens. Eine Gabe alle ein oder zwei Stunden.

---

* Da Cocculus und Petroleum in diesem Werkchen nur bei Seekrankheit empfohlen sind, so ist es nicht für nothwendig erachtet worden, diese Mittel in der Hausapotheke mit beizufügen; diese können im Fall einer Reise leicht vorher angeschafft werden.

Allgemeines Verhalten. — Man halte sich so viel wie möglich auf dem Verdeck auf und esse trockene Capitain's Biscuits; aber wenn wirklich krank, lege man sich zu Bette. Eine nasse Compresse oder Binde um den Leib thut in schlimmen Fällen häufig gute Dienste.

Gallenfieber.

Kennzeichen. — Uebelkeit, häufiges Erbrechen von Galle, belegte Zunge, bitterer Geschmack, Kopfweh, Durst, Appetitlosigkeit; Verstopfung oder Durchfall ꝛc.

Chamomilla. — Erbrechen; Durst; Appetitlosigkeit; Kolik; Durchfall. Eine Gabe alle drei Stunden.

Mercurius. — Uebelkeit oder Erbrechen von Galle; bitterer Geschmack im Munde; Kopfweh und Durst. Eine Gabe alle drei Stunden.

Nux vomica. — Magen- und Seitenschmerzen; Kopfweh; Erbrechen mit Verstopfung; belegte Zunge. Eine Gabe alle drei Stunden.

Pulsatilla. — Erbrechen des Genossenen; schleimiger oder galliger Durchfall; Frösteln; bitterer Geschmack; Appetitverlust; sowie, wenn durch Diätfehler entstanden. Eine Gabe drei Mal täglich.

Allgemeines Verhalten. — Nach einem Anfall von Gallenfieber sollte die Diät für einige Tage leicht sein. (Siehe Magenverderbniß, Erbrechen, Kolik, Durchfall).

Gelbsucht.

Kennzeichen. — Appetitverlust, bitterer Geschmack im Munde, belegte Zunge, gelbe Hautfärbung, Verstopfung oder Durchfall; helle Stuhlausleerungen; Niedergeschlagenheit.

Mercurius ist das Hauptmittel und wird gewöhnlich Erleichterung verschaffen. Eine Gabe alle drei oder vier Stunden.

China, wenn **Mercurius** nicht hilft oder

dieses Mittel schon in zu großen Gaben angewandt worden ist. Eine Gabe alle drei oder vier Stunden.

Chamomilla bei ärgerlichen oder verdrießlichen Patienten, besonders Kindern. Eine Gabe alle drei oder vier Stunden.

Nux vomica. — Gelbsucht mit Verstopfung, Empfindlichkeit der Lebergegend, und für Patienten von sitzender Lebensweise oder unmäßigen Gewohnheiten.

Wenn Gelbsucht von Aerger oder Zorn entsteht. — (Siehe Gemüthsbewegungen).

Allgemeines Verhalten. — Man halte sich ruhig, beobachte eine leichte Diät, und trinke nur Wasser, oder geröstetes Brod und Wasser. Man nehme gelegentlich ein warmes Bad.

Gelbsucht der Kinder.

Entsteht häufig durch Erkältung oder in Folge von Mißbrauch abführender Mittel.

Mercurius ist in den meisten Fällen aus=

reichend, das Uebel zu beseitigen. Eine Gabe alle drei oder vier Stunden.

Allgemeines Verhalten. — Man beobachte die Diät und halte das Kind mäßig warm. Reinlichkeit und warme Kleidung sind ebenfalls nothwendig.

Kolik, Leibschneiden.

Kennzeichen. — Heftige Schmerzen im Unterleibe, in Pausen auftretend, zuweilen mit Uebelkeit, Erbrechen, Verstopfung oder Durchfall; wenig oder gar kein Fieber; durch Druck, Krummliegen, Abgang von Winden oder Aufstoßen vermindert.

Bei Gallenkolik. — Chamomilla, Colocynthis oder Nux.

Bei Kolik in Folge von Erkältung.—Chamomilla, Nux oder China.

Bei Blähungskolik.—Chamomilla, Colocynthis, China, Nux oder Pulsatilla.

Nach Magenverderbniß.—Ipecacuanha, Nux oder Pulsatilla.

Bei krampfhafter Kolik. — Belladonna, Colocynthis oder Nux.

Bei Kolik mit Durchfall. (Siehe Durchfall mit Kolik.)

Kolik von Aerger oder Zorn. (Siehe Gemüthsbewegungen.)

Belladonna. — Kneipen und Zerren und krampfartiges Zusammenschnüren, durch jede Bewegung vermehrt; rothes aufgetriebenes Gesicht, Kopfschmerz und Gemüthsaufregung. Eine Gabe alle Stunden.

Chamomilla. — Besonders bei Kindern; reißende, ziehende Schmerzen, mit Unruhe und Hin= und Herwerfen; Blähungen. Gabe wie Belladonna.

China. — Auftreibung des Leibes; krampfhafte und zusammenziehende Schmerzen. Gabe wie Belladonna.

Colocynthis. — Sehr heftige Schmerzen, Schneiden der heftigsten Art, besonders in der Nabelgegend; Stechen wie mit Messern; mit Durchfall. Gabe wie Belladonna.

Nux vomica.—Hartnäckige Verstopfung; Blähungen; Aufgetriebenheit der Herzgrube, mit Lästigwerden der Kleidung; Druck im Leibe, wie von einem Stein. Gabe wie Belladonna.

Pulsatilla. — Durchfall; Frösteln; Verschlimmerung durch Sitzen oder Liegen. Gabe wie Belladonna.

Allgemeines Verhalten. — Man bähe den Leib mit heißem Wasser, oder lege heiße Kleien-Umschläge oder erwärmten Flanell auf. Man beobachte eine leichte Diät und genieße nur Warmes. (Siehe Magenverderbniß.)

Kolik der Säuglinge.

Kennzeichen. — Leibweh; die Kinder ziehen die Beine an den Leib heran.

Chamomilla.—Bei Kolik mit rothem Gesicht, oder wenn Durchfall dabei ist. Eine Gabe alle drei oder vier Stunden.

Pulsatilla, wenn die Kolik mit Uebelkeit,

Erbrechen oder Durchfall verbunden ist. Eine Gabe alle drei oder vier Stunden.

Colocynthis. — Bei Kneipen und Blähungen. Eine Gabe alle drei oder vier Stunden.

Nux vomica. — Leibweh, mit Verstopfung und plötzlichen Schreianfällen.

Allgemeines Verhalten. — Man gebe dem Kinde ein warmes Bad und halte es gut zugedeckt.

Durchfall, Diarrhöe.

Kennzeichen. — Diese Krankheit besteht aus dünnen oder wässerigen Entleerungen aus dem Darmkanal, zuweilen mit Leibweh und Erbrechen, ist oft eine wohlthätige Anstrengung der Natur, um schädliche Stoffe aus dem Körper zu entfernen, wogegen, wenn nur leicht, nichts gethan zu werden braucht.

Gallige Durchfälle.

Chamomilla. — Durst; Erbrechen von Galle; Leibweh; Stuhlgang wie gehackte Eier; Appetitverlust. Eine Gabe drei Mal täglich.

Mercurius. — Besonders bei nächtlichen Durchfällen; Stuhlzwang vor und nach den Ausleerungen; Leibschneiden; Uebelkeit; bitteres Aufstoßen. Gabe wie Chamomilla.

Durchfall von Erkältung.

Bryonia. — Besonders während der Sommerhitze bei Durchfall in Folge von kalten Getränken. Eine Gabe drei Mal täglich.

Dulcamara. — In den meisten Fällen von Durchfall nach Erkältung; Leibschmerzen, die nach der Ausleerung nachlassen. Eine Gabe drei Mal täglich.

Chamomilla, Mercurius. — (Siehe gallige Durchfälle.)

Pulsatilla. — Wässerige, schleimige, weißliche Ausleerungen, oder wenn von Diätfehlern entstanden. Eine Gabe drei Mal täglich.

Schmerzloser Durchfall.

China ist in den meisten Fällen ausreichend, besonders wenn große Schwäche damit verbunden ist. Eine Gabe alle sechs Stunden.

Brechdurchfall (englische Cholera).

Arsenicum.—Wässerige Durchfälle; brennende Schmerzen im Magen; großer Durst; Erbrechen; große Hinfälligkeit; Gesichtsblässe; schlimmer nach Essen. Eine Gabe jede Stunde.

Veratrum. — Heftiges Erbrechen, mit Durchfall; Eiskälte des Körpers; heftige Kolikschmerzen; Wadenkrämpfe. Eine Gabe jede Stunde.

Phosphorus. — Chronischer Durchfall, oder schmerzloser Durchfall bei alten Leuten oder schwindsüchtigen Personen. Eine Gabe drei oder vier Mal täglich.

Wenn Durchfall in Folge von Gram, Schreck, oder nach Aerger oder Zorn entsteht, siehe „Gemüthsbewegungen."

Allgemeines Verhalten.—Die Diät muß sich auf mehlige Speisen beschränken, und alle Nahrung muß kalt genommen werden. Saures, stark Gesalzenes und Obst muß vermieden werden.

Durchfall der Kinder.

Chamomilla ist eines der besten Mittel, wenn der Durchfall während dem Zahnen eintritt, oder wo die Hautthätigkeit durch Erkältung plötzlich gehemmt worden ist, oder wenn die Nahrung in irgend einer Weise nicht zusagt, die Ausleerungen grün, übelriechend oder schleimig sind, und bei heftigen Leibschmerzen, in Folge deren das Kind schreit, unruhig ist und die Beine nach dem Leibe hinaufzieht.

Dieses Mittel kann allein oder im Wechsel mit Ipecacuanha oder Mercurius gegeben werden; wenn nicht bald Besserung eintritt, so ist Mercurius besonders dann angezeigt, wenn die Ausleerungen schleimig und grün, breiartig oder mit Blut gestreift sind.

Ipecacuanha, wenn von Erbrechen begleitet. Eine Gabe drei bis vier Mal täglich.

China ist in einfachem Sommer-Durchfall sehr wirksam. Eine Gabe drei oder vier Mal täglich.

Arsenicum. — Bei großer Abmagerung, Schwäche und Gesichtsblässe. Eine Gabe drei bis vier Mal täglich.

Veratrum.—Choleraartiger Durchfall mit wässerigen Ausleerungen, begleitet von heftigem Erbrechen, großer Schwäche ꝛc. Eine Gabe jede Stunde.

Allgemeines Verhalten.—Man ändere die Nahrung des Kindes, vermindere die Quantität derselben und mische ein wenig Isinglaß darunter.

Ruhr.

Kennzeichen. — Trockene Haut und Zunge, Durst und andere Fieber-Symptome; schmerzhaftes Pressen und Zwängen beim Stuhlgang, wobei nur wässerige Flüssigkeit oder Schleim (weiße Ruhr), oder blutgefärbter Schleim und oft nur reines Blut (rothe Ruhr) entleert wird.

Aconit. — Bei deutlichen Fieber-Symptomen wird die Krankheit oft durch den zeitigen Gebrauch dieses Mittels gehemmt; im Anfang sollte es wiederholt in kurzen Zwischenräumen, entweder in der Urtinktur oder ersten Verdünnung, oder in mit der Urtinktur angefeuchteten Streukügelchen, gegeben werden.

Mercurius corrosivus. — Blutige Ausleerungen, mit Schmerzen und heftigem Zwängen.

Colocynthis, nach oder abwechselnd mit Mercurius, wenn die sehr heftigen Kolikschmerzen in Pausen auftreten und die Ausleerungen mit grünen Stoffen oder Klumpen gemischt sind.

Ipecacuanha, bei Ruhren, die im Herbste vorkommen, mit Uebelkeit, heftigem Stuhlzwang und Kolik; die Ausleerungen sind erst schleimig, dann blutig.

Darreichung der Mittel: in heftigen Fällen eine Gabe alle zwanzig oder dreißig Minuten; in leichteren Fällen alle zwei bis vier Stunden.

Allgemeines Verhalten. — Man beobachte eine ganz leichte Diät. Bei heftigen Schmerzen lege man warme Kleien-Umschläge auf den Unterleib.

Cholera Morbus (Cholerine).

Die Anfälle stellen sich gewöhnlich Nachts bei heißem Wetter ein und charakterisiren sich durch gallige oder wässerige Stuhl-Entleerungen und Erbrechen großer Quantitäten dunkelgrüner, bitterschmeckender Substanzen, mit Leib- und Magenschmerzen und zuweilen mit Krämpfen in den Gliedern.

Ipecacuanha, wenn das Erbrechen heftig ist. Eine Gabe alle halbe Stunden.

Colocynthis. — Erbrechen grüner Substanzen, mit heftigem Leibschneiden und häufigen durchfälligen Stuhlentleerungen. Kann abwechselnd mit Ipecacuanha gegeben werden. Eine Gabe alle halbe Stunden.

Arsenicum. — Heftige Magenschmerzen, großer Durst, beständige Uebelkeit, Durchfall und heftiges Erbrechen wässeriger, galliger, oder schleimiger grüner, bräunlicher oder schwärzlicher Substanzen. Eine Gabe alle halbe Stunden, bis es besser wird.

Cuprum, wenn Krämpfe vorherrschend sind. Gabe wie Arsenicum.

Allgemeines Verhalten. — Zur Verhütung dieses Uebels kann, namentlich zur Zeit einer Cholera-Epidemie, neben einer zweckmäßigen Diät, die alles Uebermaß und Schwerverdauliche vermeidet, nicht genug auf das Warmhalten des Körpers, besonders des Unterleibes, aufmerksam gemacht werden.

Asiatische Cholera.

Kennzeichen.—Beinahe jedem Cholera-Anfall geht eine längere oder kürzere warnende Diarrhöe voran, welche bei aufmerksamer Behandlung und Diät fast immer leicht geheilt wird. Während der Dauer einer Cholera-Epidemie sollte einem jeden, auch noch so unbedeutenden Durchfall die größte Aufmerksamkeit zugewandt werden, nicht weil der Zustand des Patienten gefährlich ist, sondern um zu verhüten, daß er gefährlich wird. Der Patient sollte sich zu Bette legen, und darin bleiben, so lange der Durchfall andauert, und bei jeder Stuhlentleerung eine Bettpfanne brauchen. Wenn sich der Durchfall des Nachts einstellt, sollte derselbe sofort behandelt und nicht bis zum nächsten Morgen gewartet werden, wie es Manche thun, weil dadurch viele kostbare Zeit verloren geht.

Aconit. — Eine Gabe alle fünfzehn oder zwanzig Minuten, eine Stunde lang für den vorangehenden Durchfall oder während des ersten Stadiums der Krankheit, wenn Durchfall und Erbrechen mit ziemlicher Heftigkeit auftreten. Das Mittel sollte in der Urtinktur, zu einem Tropfen die Gabe, oder in Streukügelchen, mit der Urtinktur befeuchtet, gegeben werden.

Camphora. — Wenn der choleraartige Durchfall allmählich in wirkliche Cholera übergeht, bei plötzlichem Hinsinken der Kräfte; bläulicher Färbung und Eiskälte der Haut, tiefer, heiserer Stimme, großer Angst und äußerster Schmerz in der Herzgrube. Eine Gabe alle fünfzehn oder zwanzig Minuten.

Veratrum album. — Heftige und reichliche Ausleerungen, wie Reiswasser, nach oben und unten, mit äußerstem Durst auf kaltes Wasser in großen Quantitäten, welches nach dem Trinken sogleich wieder ausgebrochen wird. Eine Gabe alle fünfzehn oder zwanzig Minuten.

Arsenicum. — Bei schnellem Schwinden der Kräfte; heftigen Magenschmerzen mit großer Angst und Brennen, wie von glühenden Kohlen; großem Durst auf kaltes Wasser, welcher oft, aber wenig auf einmal zu trinken nöthigt. Kann mit Veratrum abwechselnd gegeben werden. Eine Gabe alle fünfzehn oder zwanzig Minuten.

Cuprum. — Krämpfe oder convulsivische Bewegung der Glieder, besonders der Finger und Fußzehen, mit oder ohne Erbrechen; hörbares Herabkollern des Getränks beim Hinunterschlucken. Eine Gabe alle fünfzehn oder zwanzig Minuten.

Carbo veg. und **Arsenicum,** wenn ungeachtet der obigen Behandlung gänzliche Pulslosigkeit und Lähmung eintritt; oder wenn, nachdem das Erbrechen, der Durchfall und die Krämpfe aufgehört, sich Blutandrang nach Brust und Kopf einstellt, mit Brustbeklemmung und schlummersüchtigem Niederlegen. Eine Gabe abwechselnd alle zehn Minuten.

Allgemeines Verhalten. — Während der Behandlung muß die meist gänzlich unterdrückte Hautthätigkeit durch warmes Verhalten im Bette unterstützt werden; auch befördere man die Körperwärme durch Reiben mit warmem Flanell und durch Anlegen warmer Flaschen an den Leib und die Füße. Um den fürchterlichen Durst zu stillen, stecke man zuweilen kleine Stückchen Eis in den Mund des Kranken.

Vorbeugungsmittel.—**Cuprum** und **Veratrum alb.** abwechselnd. Jeden andern Tag eine Gabe, so lange die Epidemie anhält.

Kindercholera, Summer Complaint, Cholera Infantum.

Die Anfälle von Cholera Infantum treten plötzlich auf. Die Krankheit erscheint im Sommer bei äußerst starker Hitze und im Herbst bei heißen Tagen und kühlen Nächten. Erbrechen ist ein Vorläufer und Begleiter der Darmentleerungen. Die Ausleerungen bestehen in einer farb= und geruchlosen Flüssigkeit oder Schleim, und sehen wie gehackte Eier und zuweilen grün aus.

Summer Complaint.—Zwischen dieser

Krankheit und Cholera Infantum ist wenig Unterschied, außer daß sie nicht so plötzlich in ihren Anfällen auftritt und tückischer in ihrem Verlaufe ist; aber Cholera Infantum, wenn es nicht schnell gehemmt wird, artet leicht in Summer Complaint aus.

Camphora und **Veratrum** abwechselnd jede Stunde, wenn das Kind plötzlich von Erbrechen und Durchfall befallen wird. Wenn nicht besser in acht Stunden, gebe man Ipecacuanha und Chamomilla abwechselnd. Eine Gabe jede Stunde.

Colocynthis. — Grünes Erbrechen, mit heftigen Leibschmerzen. Eine Gabe jede Stunde.

Arsenicum. — Heftiges Erbrechen und Durchfall, mit großen Schmerzen im Unterleibe; Durst, Unruhe und plötzlichem Kräfteverlust. Eine Gabe jede Stunde bis es besser wird.

Aconit kann abwechselnd mit einem andern Mittel gegeben werden, wenn Fieber vorhanden ist; auch bei großer Unruhe und trockener Hitze des Körpers.

Stuhlverstopfung.

Das Ausbleiben des Stuhlgangs beruht nicht immer auf einer krankhaften Ursache, sondern kann vom Essen vieler Fleischspeisen, Schweißen oder von einer sitzenden Lebensweise herrühren.

Bryonia, besonders im Sommer; bei Verstopfung von verdorbenem Magen mit Kopfweh. Eine Gabe Morgens und Abends.

Mercurius. — Schlechter Geschmack im Munde, mit Schmerzhaftigkeit des Zahnfleisches, jedoch ohne Verlust des Appetits. Eine Gabe Morgens und Abends.

Nux vomica. — Kopfweh; Schwindel; häufiger aber vergeblicher Stuhldrang, oder harte, knotige Stühle mit vielem Drängen. Paßt besonders bei Magenüberladung und für Hämorrhoidalkranke. Eine Gabe Morgens und Abends.

Sulphur hilft in vielen Fällen von chronischer Verstopfung, besonders bei solchen Patienten, die zu Hämorrhoiden geneigt sind. Eine Gabe Morgens und Abends.

Allgemeines Verhalten.—Ein Glas Wasser vor dem Frühstück und zwei Stunden nach jeder Mahlzeit, mäßige Bewegung und Vermeidung aller reizenden Speisen und Getränke tragen viel zur Beseitigung oder Erleichterung des Uebels bei.

Stuhlverstopfung der Säuglinge

entsteht häufig durch Diätfehler.

Bryonia. — Besonders im Sommer, oder wenn der Stuhlgang von ungewöhnlicher Größe ist. Eine Gabe Morgens und Abends.

Nux vomica, wenn viel Drängen vorhanden ist, mit hartem, knotigem Stuhlabgange.

Allgemeines Verhalten. — Man reibe den Unterleib mit der Hand. Oft hilft ein Klystier von lauwarmem Wasser mit einem Löffel Oel, das, wenn es nöthig sein sollte, nach vierundzwanzig Stunden wiederholt wird; zugleich aber muß dann für den Fall, daß das Kind künstlich aufgezogen wird, die Kost dünner und leichter eingerichtet werden.

Wurmbeschwerden.

Kennzeichen. — Würmer können in den Gedärmen ohne Beschwerden eristiren, so lange als der Körper sich einer guten Gesundheit erfreut und deren Anwesenheit sich nur durch zeitweiligen Abgang mit dem Stuhl kund gibt. Die folgenden Beschwerden deuten gewöhnlich auf die Gegenwart von Würmern: Abmagerung, Gesichtsblässe, häufiges Bohren mit dem Finger in der Nase, Zähneknirschen im Schlafe, veränderliche und launenhafte Stimmung, Heißhunger, Magenschmerzen, harter und gespannter Leib, unregelmäßiger Stuhl und unerträgliches Jucken und Kriebeln am After.

Aconit, wenn Fieber-Symptome vorhanden sind, mit heftigem Jucken; Leibschmerzen;

nächtliche Unruhe. Eine Gabe Morgens und Abends.

Mercurius kann nach Aconit gegeben werden, besonders wenn Durchfall vorhanden ist, mit Spannen und Härte des Bauches. Eine Gabe Morgens und Abends.

Cina. — Fieber; nächtliche Unruhe, Schlaflosigkeit mit Auffahren, Verdrießlichkeit; Bohren mit dem Finger in der Nase; blasses Gesicht mit tiefen, bläulichen Augenrändern, Abgang von Spulwürmern. Eine Gabe Morgens und Abends.

Sulphur kann zuweilen im Wechsel mit den andern Mitteln gegeben oder wird passend gefunden werden, nachdem die Fieber- und nervösen Symptome bewältigt oder gelindert sind. Eine Gabe Morgens und Abends.

Allgemeines Verhalten. — Man vermeide unreife Frucht, rohe Gemüse, Süßigkeiten, Brod und Mehlspeisen; die Nahrung muß gesund und kräftig sein. Kaltes Baden und Bewegung in der frischen Luft sind der Gesundheit sehr förderlich. Wenn die Würmer sehr unruhig sind, gebe man ein Klystier von Salz und Wasser, (ein Theelöffel Salz auf ein halbes Pint Wasser) oder eins von Essig und Wasser, (ein Eßlöffel voll Essig auf vier Eßlöffel Wasser.)

Hämorrhoiden.

Kennzeichen. — Man bezeichnet mit diesem Ausdruck die durch gestörte Blutcirculation entstandenen Auftreibungen der Adern (Venen) im Mastdarm, die sich erst zu kleinen, dann zu größer werdenden Knoten ausdehnen. Diese sitzen entweder innen oder außen am Mastdarm; geht der Blutandrang weiter, so platzen diese Knoten und entleeren Blut, welche man fließende oder blutende Hämorrhoiden, im Gegensatz zu den blinden oder nicht blutenden, nennt; gewöhnlich ist Stuhlverstopfung vorhanden.

Nux vomica. — Besonders bei Personen von sitzender Lebensweise oder nach dem Genuß von Kaffee oder Spirituosen. Eine Gabe drei oder vier Mal täglich.

Sulphur. — Nach Nux, besonders wenn die Knoten brennen und häufig hervorstehen. Eine Gabe drei oder vier Mal täglich.

Nux und **Sulphur** können abwechselnd gegeben werden.

Allgemeines Verhalten. — Man regle die Diät, vermeide sorgfältig alle reizenden Speisen und Getränke und nehme ein warmes Bad um die Schmerzen zu lindern, oder setze sich auf ein Gefäß mit heißem Wasser.

Ansprung, Milchborke.

Dieser Ausschlag befällt meist Säuglinge und besteht aus kleinen weißen Bläschen auf rothem Grunde, die gruppenweise zusammenstehen, zuerst im Gesicht und zuweilen sich über den ganzen Körper erstreckend. Diese Bläschen platzen, vertrocken dann und bilden eine gelbliche Kruste und sind von Entzündung und Jucken begleitet.

Aconit, bei starkem Fieber und großer Unruhe. Eine Gabe zwei oder drei Mal täglich.

Rhus hilft in vielen Fällen und paßt besonders, wenn das Jucken sehr lästig ist. Eine Gabe zwei oder drei Mal täglich.

Sulphur sollte gegeben werden, wenn sich die Besserung verzögert, oder wenn Rhus keine günstige Aenderung veranlaßt hat. Eine Gabe Morgens und Abends.

Allgemeines Verhalten. — Mutter und Kind müssen sich der sorgfältigsten Diät unterwerfen. Man beobachte große Reinlichkeit und bade die leidenden Theile mit lauwarmem Wasser, um das Jucken zu lindern. Bei sehr heftigem Jucken und unwiderstehlichem Reiz zum Kratzen kann man die betreffenden Stellen mit Glycerin oder frischem Rindstalg öfters leicht bestreichen.

Hautjucken.

Es besteht in einem höchst lästigen Jucken an einem oder mehreren bestimmten Hauttheil=

len meist ohne jeden sichtbaren Ausschlag, und nöthigt zu sehr heftigem Reiben und Jucken, so das nicht selten wunde oder nässende Stellen entstehen.

Mercurius, wenn das Jucken des Nachts schlimmer und die Haut feucht ist. Eine Gabe Morgens und Abends.

Sulphur genügt in den meisten Fällen. Eine Gabe Morgens und Abends.

Allgemeines Verhalten.—Man wasche die betreffenden Stellen öfter mit warmem Wasser und enthalte sich aller unverdaulichen Speisen.

Aufgesprungene Hände und Lippen.

Behandlung. — Man reibe die betreffenden Theile mit Arnica-Salbe oder Glycerin ein, und trage Glacéhandschuhe, wenn die Hände aufgesprungen sind. Wenn die Haut sehr leicht aufzuspringen geneigt ist, nehme man

Mercurius, wenn hauptsächlich die Lip=

pen aufgesprungen, oder wenn die Risse tief und blutend sind. Eine Gabe zwei oder drei Mal täglich.

Hepar, wenn die Hände allein aufgesprungen sind. Eine Gabe zwei oder drei Mal täglich.

Sulphur in hartnäckigen oder langwierigen Fällen. Eine Gabe ein oder zwei Mal täglich.

Abschälung der Haut bei Kindern.

Oft die Folge von Mangel an Reinlichkeit.
Chamomilla ist gewöhnlich hinreichend das Uebel zu beseitigen.

Allgemeines Verhalten.—Man bade das Kind öfter in warmem Wasser und trockne es mit einem weichen Handtuch gut ab.

Finnen.

Entstehen durch krankhafte Talgabsonderung in den Talgdrüsen der Haut, besonders im Gesicht, welche an der Oberfläche fest wird und diese pfropfenweise verschließt. Diese

Knötchen entzünden sich auch, bilden Pusteln, Borken oder harte Knötchen und sind gewöhnlich die Folge von Diätfehlern.

Belladonna, besonders wenn dieselben bei jungen Leuten vorkommen. Eine Gabe Morgens und Abends.

Sulphur wird sich in den meisten Fällen hülfreich erweisen, oder kann gegeben werden, wenn Belladonna nicht ausreicht. Eine Gabe Morgens und Abends.

Allgemeines Verhalten. — Die Ursache dieser entstellenden kleinen Knötchen oder Pusteln muß erst entfernt werden, ehe eine Kur bewerkstelligt werden kann. Diejenigen, welche damit behaftet sind, sollten sich aller spirituösen Getränke enthalten, wenig Fleischspeisen genießen und eine leichte, gesunde und nahrhafte Diät beobachten.

Ringflechte.

Ein pustelartiger Ausschlag, der sich an einer Stelle kreisförmig ausbreitet, gewöhn=

lich am Kopfe erscheint, aber auch an andern Theilen des Körpers vorkommt. Dieser Ausschlag sieht wie ein Ring aus mit kleinen Bläschen rund herum auf einem rothen Grunde. Nach einigen Tagen platzen die Bläschen, entleeren ein wenig Flüssigkeit und bilden Schuppen. Der Verlauf ist gewöhnlich sehr langwierig.

Rhus, besonders wenn die Haut roth und entzündet und viel Jucken vorhanden ist. Eine Gabe Morgens und Abends.

Sulphur kann nach Rhus gegeben werden, oder wenn der Ausschlag abtrocknet. Eine Gabe Morgens und Abends.

Allgemeines Verhalten. — Man schneide das Haar kurz, wasche den Kopf Morgens und Abends mit lauwarmem Kleienwasser, und wenn die Schuppen dick werden, mache Umschläge davon. Alles gesalzene Fleisch und Saures muß streng vermieden werden.

Gürtelrose.

Kennzeichen.—Diese Krankheit besteht in kleinern oder größern Bläschen, die sich unter heftigem Brennen und Jucken in einem schmalen (handbreiten) Streifen an einer Stelle des Rumpfes bilden und gürtelartig rings um die Hälfte desselben verbreiten.

Mercurius ist das Hauptmittel in diesem Leiden. Eine Gabe alle drei oder vier Stunden.

Rhus, wenn der Ausschlag am Auftrocknen ist. Eine Gabe alle drei oder vier Stunden.

Allgemeines Verhalten. — Man vermindere die Diät und vermeide kalte und feuchte Luft.

Krätze.

Die Krätze erscheint als ein Hautausschlag von kleinen, mit einer hellen oder eiterartigen Flüssigkeit angefüllten Bläschen, meistens um die Handgelenke, zwischen den Fingern und an andern Gelenken, aber nicht im Gesicht. Das Jucken verschlimmert sich des Abends, besonders in der Bettwärme.

Sulphur wird gewöhnlich als das specifische Mittel betrachtet. Eine Gabe zwei oder drei Mal täglich.

Mercurius jod., wenn nach Sulphur keine baldige Heilung erfolgt. Eine Gabe zwei oder drei Mal täglich.

Allgemeines Verhalten. — Die größte Reinlichkeit, Bäder und tägliche Waschungen sind von großer Wichtigkeit. Das Waschen der Theile mit einer schwachen Auflösung von Carbolic acid und Wasser ist sehr vortheilhaft.

Frostbeulen.

Kennzeichen. — Entzündung der Füße, namentlich des Ballens der großen Zehe, zuweilen auch der Hände, Ohren 2c., durch Erkältung. Die häufige Wiederkehr von Frostbeulen beruht auf einem angebornen Krankheitsstoffe, der durch Behandlung eines Arztes beseitigt werden muß.

Phosphorus ist specifisch in vielen Fällen. Eine Gabe drei Mal täglich.

Pulsatilla, bei Anschwellung und heftigem Jucken. Eine Gabe drei Mal täglich.

Sulphur, wenn die Frostbeulen schon alt sind. Eine Gabe Morgens und Abends.

Allgemeines Verhalten. — Man bade die leidenden Theile in warmem Wasser und mache Einreibungen mit Arnica-Wasser (ein Theil Arnica auf fünfzehn Theile Wasser), und vermeide streng Alles, was einen Druck auf die Geschwulst und die benachbarten Stellen ausüben kann. Bei aufgesprungener rissiger Haut gebrauche man Arnica-Salbe.

Blutschwäre.

Kennzeichen.—Entzündliche, umschriebene und schmerzhafte Geschwülste unmittelbar unter der Haut, welche mit Bildung und Entleerung von Eiter endigen.

Belladonna, wenn das Blutschwär roth

und schmerzhaft ist. Eine Gabe drei Mal täglich.

Hepar befördert die Eiterung des Geschwürs. Eine Gabe drei Mal täglich.

Sulphur, zur Verhütung der Wiederkehr der Geschwüre. Eine Gabe Morgens und Abends.

Allgemeines Verhalten. — Die Eiterung verhütet man oft durch ausgerungene Kaltwasserumschläge (mit geölter Seide überbunden und öfters erneuert). Wenn die Eiterung schon begonnen hat, lege man gekautes Brod oder warme Umschläge von Leinsamenmehl auf.

Eiterbeulen, Abscesse.

Eine Ansammlung von Eiter in einem durch locale Entzündung entstandenen Geschwulst, welche mit Eiterbildung endigt.

Belladonna, wenn viel Geschwulst, Schmerz und Entzündung vorhanden ist. Eine Gabe drei Mal täglich.

Hepar, wenn die Eiterung beginnt. Eine Gabe drei Mal täglich.

Mercurius, bei scheinendem rothen Geschwulst, oder wenn es sich in der Nähe von Drüsen befindet. Eine Gabe drei Mal täglich.

Allgemeines Verhalten. — Wenn sich der Absceß in der Mitte erhöht, so sind warme Umschläge von Brod und Milch oder Leinsamenmehl dem Eiterungsprozeß sehr förderlich; später, nach reichlicher Entleerung des Eiters, können ausgerungene Kaltwasserumschläge aufgelegt werden.

Nagelgeschwüre.

Kennzeichen. — Ein sehr schmerzhaftes Eitergeschwür an der Fingerspitze; dabei sind Geschwulst, Spannen, klopfende Schmerzen, Hitze; nach einigen Tagen (wenn dem Verlauf nicht durch Arzneimittel Einhalt gethan wird) Eiterbildung; es hat denselben Verlauf wie ein gewöhnliches Geschwür.

Mercurius.—Vor der Eiterbildung. Eine Gabe drei Mal täglich.

Hepar muß gegeben werden, wenn die Eiterbildung begonnen hat. Eine Gabe drei Mal täglich.

Allgemeines Verhalten. — Man halte den Finger in heißes Wasser, so heiß wie es vertragen werden kann, und erneuere das heiße Wasser von Zeit zu Zeit; wenn sich Eiter gebildet hat, mache man statt dessen heiße Umschläge.

Warzen.

Kennzeichen.—Kleine rundliche Auswüchse aus der Haut, gewöhnlich an den Fingern, von harter, fester Beschaffenheit.

Calcarea carb., Sulphur, Rhus. — Dem einen oder andern dieser Mittel gelingt es gewöhnlich, die Warzen zu vertreiben. Eine Gabe Morgens und Abends.

Hühneraugen

entstehen meistens durch Druck des Schuhwerkes und oft auch durch constitutionelle

Urſachen. Dieſelben ſind im Allgemeinen ein Schutz der Natur gegen übermäßigen Reibungen beſonders ausgeſetzter Theile des Fußes. Druck und Reibung muß daher ſofort entfernt werden, ehe Erleichterung erlangt werden kann.

Behandlung.—Man bade den Fuß in warmem Waſſer und beſchneide das Hühnerauge ſorgfältig, bis es mit der umgebenden Haut gleich iſt, dann waſche man mit einer Auflöſung von ſechs Tropfen Arnica-Tinctur in einem Eßlöffel voll Waſſer vermittelſt eines Stückchens Leinwand; oder umwickele, beim Schlafengehen, den Theil mit einem in obige Auflöſung getauchten ſchmalen Streifen Leinwand und halte es die Nacht durch naß. Man wiederhole dies mehrere Nächte hintereinander und reibe ein wenig Baumöl (sweet oil) ein, oder lege ein mit etwas Baumöl befeuchtetes Stückchen Watte während des Tages auf. Wenn die Hühneraugen von conſtitutionellen Urſachen herrühren, so wird folgende innere Behandlung von Nutzen sein:

Bryonia, Rhus, wenn die Hühneraugen während nassem Wetter sehr schmerzhaft oder die Schmerzen stechender Art sind. Eine Gabe abwechselnd alle drei oder vier Stunden.

Calcarea carb., Sulphur, sollte gegeben werden, um die Neigung zu Hühneraugen aufzuheben. Eine Gabe von Zeit zu Zeit.

Beschwerden des Monatsflusses.

Nur von den leichten Beschwerden der Regel ist hier die Rede; langwierige, complicirte oder eingewurzelte Unregelmäßigkeiten erfordern angemessene ärztliche Behandlung. Nichtbeachtung der allgemeinen Gesundheitsregeln bieten eine ergiebige Quelle von manchen dieser Beschwerden.

Menstrual-Kolik

entsteht häufig durch Erkältung von nassen Füßen, durch Diätfehler und unbedachtsamen Gebrauch von Arzneistoffen.

Chamomilla, Pulsatilla, sind die besten Mittel für die Kolik während der monatlichen Regel.

Allgemeines Verhalten. — Siehe unter „Schmerzhafte Menstruation."

Die zu frühe oder zu häufige Regel

entsteht öfter durch Gemüthsbewegungen, große körperliche Anstrengung und Ueberermüdung.

Calcarea carb., wenn die Regel überhaupt in kürzeren Zwischenräumen zu kommen geneigt ist und der Monatsfluß ebenfalls im Verhältniß stärker wird.

Nux vomica, wenn die Regel zu lange dauert und zu stark ist; Krämpfe. Eine Gabe drei Mal täglich).

Allgemeines Verhalten.—Ein hartes Bett; recht viel frische Luft; Salzwasser-Bäder; Salzwasser-Waschungen, und Alles, was das System stärken und kräftigen kann, sollte benutzt und angewandt werden.

Die schmerzhafte Regel

entsteht von Erkältung, zu wenig Bewegung, ungesunder Luft, Gemüthsbewegung ꝛc.

Chamomilla, wenn kolikartige Schmerzen mit herunterdrängendem Gefühl und großer Empfindlichkeit des Bauches vorhanden ist. Eine Gabe alle sechs Stunden.

Nux vomica, wenn die pressenden Schmerzen vorherrschen. Eine Gabe alle sechs Stunden.

Pulsatilla bei sanften, schüchternen Personen. Eine Gabe alle sechs Stunden.

Allgemeine Vorschriften. — Eine sorgfältige Diät, öfteres Spazierengehen, Muskelbewegung, alle Arten Unterhaltungen und Vermeidung aller heftigen und unangenehmen Gemüthsbewegungen sind zu einer Kur unbedingt nothwendig.

Die zu starke Regel.

Die Ursachen dieser Unregelmäßigkeit sind denjenigen ähnlich, welche die schmerzhafte oder zu häufige Regel veranlassen.

China, wenn mit großer Schwäche verbunden. Eine Gabe alle drei oder vier Stunden.

Ipecacuanha, wenn der Abfluß sehr stark und wie Blutsturz ist. Eine Gabe viertelstündlich bis einstündlich.

Nux vomica, wenn die Regel zu stark und von zu langer Dauer ist. Eine Gabe alle drei oder vier Stunden.

Allgemeines Verhalten.—Der Patient muß sich durchaus ruhig verhalten, und alle Getränke müssen kalt gegeben werden. Wenn Blutsturz eintritt, muß ärztliche Hülfe eingeholt werden.

Die verzögerte oder unterdrückte Regel

entsteht häufig durch heftige Gemüthsbewegung, Erkältung (besonders wenn von nassen Füßen), schlechter Luft, Ermüdung ꝛc.

Aconitum, wenn Kopfweh, Schwindel oder Blutandrang zugegen ist, besonders bei kräftigen jungen Frauenzimmern. Eine Gabe alle zwei oder drei Stunden.

Pulsatilla ist das Hauptmittel, besonders wenn die Unterdrückung eine Folge von Erkältung ist. Eine Gabe alle zwei oder drei Stunden.

Allgemeines Verhalten. — Man nehme ein warmes Fußbad. Nach Entfernung der acuten Symptome ist Bewegung in freier Luft sehr zu empfehlen; doch ist Vorsicht nöthig, sich der Jahreszeit angemessen zu kleiden, und sind dünne Schuhsohlen und nasse Füße zu vermeiden.

Schwangerschaftsbeschwerden.

Während der Schwangerschaft sind die Frauen gewissen Unpäßlichkeiten unterworfen, erfreuen sich aber im Allgemeinen einer Befreiung von schwereren Krankheitsformen.

Kolik.

Eine häufig vorkommende Beschwerde, welche oft während der ersten Monate eintritt und häufig eine Folge von Erkältung oder unpassender Nahrung ist.

Chamomilla gibt gewöhnlich Erleichterung. Eine Gabe alle drei oder vier Stunden.

Nux vomica, wenn Chamomilla nicht ausreicht, oder wenn Stuhlverstopfung vorhanden ist. Eine Gabe alle drei oder vier Stunden. (Siehe „Kolik.")

Stuhlverstopfung

sollte bald in Behandlung genommen und beseitigt werden, da zu große Anstrengung beim Stuhlgang leicht nachtheilige Folgen haben kann.

Bryonia, Nux vomica, werden gewöhnlich in der Beseitigung dieses Zustandes erfolgreich gefunden werden. Eine Gabe zwei oder drei Mal täglich.

Allgemeines Verhalten. — Diätwechsel, mehr Gemüse und Früchte, Bewegung und Kaltwassertrinken sind sehr zu empfehlen; bei sehr hartnäckiger Verstopfung kann ein Klystier von warmem Wasser, worin ein wenig Castille-Seife aufgelöst ist, gegeben werden.

Durchfall.

Gegen diesen Zustand sollte man sich sorgfältig hüten, indem derselbe eine Frühgeburt veranlassen kann.

Chamomilla wird häufig von Nutzen gefunden werden, besonders wenn Kolik dabei ist. Eine Gabe alle vier oder sechs Stunden.

Pulsatilla kann nach Chamomilla gegeben werden, wenn letzteres Mittel nicht den gewünschten Erfolg hat. Eine Gabe alle vier oder sechs Stunden.

Allgemeines Verhalten.—Die Nahrung muß leicht sein und darf nur in kleinen Quantitäten genommen werden; der Leib muß warm und gut mit Flanell bedeckt gehalten werden.

Zahnschmerzen.

Diese dauern zuweilen von Anfang bis zu Ende der Schwangerschaft und sind oft das erste Symptom, durch dessen Gegenwart jener Zustand vermuthet wird.

Chamomilla, wenn der Schmerz von einem hohlen Zahn herrührt, oder des Nachts am heftigsten ist. Eine Gabe alle drei oder vier Stunden.

Nux vomica, wenn die Schmerzen durch Wein, Kaffee oder durch geistige Arbeit verschlimmert werden. Eine Gabe alle drei oder vier Stunden.

Pulsatilla, wenn die ganze Seite der Kinnlade schmerzt, oder die Schmerzen von einem Ort zum andern überspringen. Eine Gabe alle drei oder vier Stunden.

Allgemeines Verhalten.—Man lasse keine Zähne ausziehen, da die Schmerzen dadurch nicht geheilt werden.

Anschwellen der Adern (Krampfadern)

entsteht durch Druck in Folge der Schwangerschaft. Nach der Niederkunft, wenn der Druck beseitigt ist, verliert sich die Geschwulst wieder und die Adern nehmen wieder ihre natürliche Größe an.

Pulsatilla ist das specifische Mittel in dieser Beschwerde. Eine Gabe drei Mal täglich.

Sulphur kann nach Pulsatilla gegeben werden. Eine Gabe Morgens und Abends.

Allgemeines Verhalten. — Langes Stehen und enge Strumpfbänder müssen vermieden werden. Das Anlegen einer Schnürbinde ist auch zuweilen rathsam; man muß die Binde des Morgens anlegen, wenn die Geschwulst am geringsten ist, unten am Knöchel anfangen und sanft und gleichmäßig drückend nach oben fortbinden. Hat die Geschwulst schon lange gedauert, so sind diese Binden nicht mehr rathsam.

Uebelkeit und Erbrechen.

Ein gewöhnliches Symptom der Schwangerschaft, welches gewöhnlich im Anfang derselben beginnt und bis zum dritten oder vierten Monat dauert. Zuweilen dauert es auch länger oder kehrt während dem ganzen Verlaufe der Schwangerschaft in Zwischenräumen wieder.

Arsenicum. — Heftiges Erbrechen mit Ohnmachtsgefühl oder großer Schwäche. Eine Gabe alle drei oder vier Stunden.

Ipecacuanha, wenn das Erbrechen lange andauert und die Patientin Alles erbricht, was sie zu sich nimmt, oder wenn gleichzeitig Durchfall vorhanden ist. Eine Gabe alle vier Stunden.

Nux vomica ist in vielen Fällen das beste Mittel. Eine Gabe alle vier Stunden.

Allgemeines Verhalten. — Die Diät muß sorgfältig regulirt und die Mahlzeiten auf solche Stunden verlegt werden, wo der Magen mehr geneigt ist, Nahrung anzunehmen. Kalte Nahrung wird zuweilen vertragen, wenn Warmes wieder ausgebrochen wird. Frische Luft und Bewegung sind während der Schwangerschaft unumgänglich nothwendig.

Weißfluß

entsteht häufig von einer erschlaffenden oder aufgeregten Lebensweise, Mangel an Bewe=

gung, vielem Sitzen und Nachtwachen, übermäßigem Kaffee- und Theegenuß, Mißbrauch warmer Bäder, Gemüthsbewegungen ꝛc.

Calcarea carb. paßt besonders bei Frauen von schwächlicher Constitution und sanfter Gemüthsart. Eine Gabe Morgens und Abends.

Pulsatilla wird sich in vielen Fällen von großem Nutzen erweisen, besonders wenn der Ausfluß nach Schreck oder Erkältung zur Zeit der Regel entstanden ist. Eine Gabe Morgens und Abends.

Sulphur, in einfachen Fällen, oder den wundmachenden Ausfluß in milden umzuändern. Eine Gabe Morgens und Abends.

Allgemeines Verhalten. — Es ist unbedingt nothwendig, daß sich die Patientin keiner Kälte oder Feuchtigkeit aussetzt, sich zweckmäßig kleidet und nährt, und warme Bäder, zu viel Aufregung, spätes Aufsitzen und heiße Stuben vermeidet.

Quetschungen.

Man bade den betreffenden Theil öfter mit einem, in eine Mischung von einem Theil Arnica-Tinktur auf zwanzig Theile Wasser befeuchteten Lappen oder Stück Leinwand, und nehme innerlich eins oder das andere der folgenden Mittel:

Pulsatilla, wenn die Muskeln hauptsächlich beschädigt sind. Eine Gabe drei Mal täglich.

Rhus, wenn die Gelenke oder Sehnen gelitten haben. Eine Gabe drei Mal täglich.

Allgemeines Verhalten. — Bei Verletzung der Haut sollte die zu Umschlägen benutzte Mischung nur halb so stark, wie oben empfohlen, gemacht und für vollständige Ruhe des beschädigten Theiles gesorgt werden.

Blaue oder blutunterlaufene Augen.

Behandlung. — Man bade mit einer Mischung von zehn Tropfen Arnica-Tinktur auf ein großes Weinglas voll Wasser.

Verrenkungen.

Behandlung.—Man mache einen Verband und halte denselben beständig mit Arnica=Wasser (ein Theil Arnica=Tinktur auf zwanzig Theile Wasser) feucht. Das beschädigte Glied muß in vollständiger Ruhe gehalten werden.

Arnica muß innerlich gegeben werden, während das Arnica=Wasser äußerlich gebraucht wird, oder wenn die beschädigten Theile schwarz aussehen.

Wunden.

Behandlung.—Man reinige die Theile gründlich mit einem weichen, in kaltes Wasser getauchten Schwamme, und sobald die Blutung aufhört, welches gewöhnlich nach Anwendung des kalten Wassers der Fall ist, mache man einen Verband von Charpie, oder Leinwand, mit Arnica=Wasser befeuchtet (zwanzig Tropfen Arnica=Tinktur auf ein Pint Wasser), kann auf dieselbe Weise ge=

braucht werden; doch wird in der Behandlung von Rißwunden Calendula gewöhnlich vorgezogen. Man sorge für vollkommene Ruhe des beschädigten Theiles. Bei leichten Schnittwunden verbinde man die Wundränder mit Streifen von Arnica- oder Calendula-Pflaster.

Aconit muß gegeben werden, wenn der Patient sehr fieberisch ist. Eine Gabe alle vier Stunden.

China, wenn Ohnmacht von Blutverlust entsteht. Eine Gabe stündlich.

Verbrennungen und Verbrühungen.

Man durchsteche die entstandenen Blasen und bedecke den ganzen beschädigten Theil mit dicker roher Baumwolle und lasse es darauf liegen bis der Schmerz verschwunden ist.

Urtica urens Tinktur — zwanzig Tropfen auf ein halbes Pint Wasser — wird man ebenfalls sehr wirksam finden. Nach Anwendung derselben bedecke man die Stelle mit einer dicken Lage weicher Baumwolle, um die Luft davon abzuhalten. Man wechsle den Verband so wenig wie möglich, da die Heilung der Brandwunden viel von der Abhaltung der Luft abhängt.

Aconit muß gegeben werden, wenn viel Fieber vorhanden ist. Eine Gabe alle drei Stunden.

Hepar, wenn Eiterung eintritt. Eine Gabe Morgens und Abends.

Erkältungen.

Beschwerliches Athmen, Kolik, Husten, Schnupfen, Durchfall, Kopfschmerzen, Heiserkeit, Ohrenschmerzen, Brust- und Gliederschmerzen, Halsweh und Zahnschmerzen sind die gewöhnlichsten durch Erkältung entstehenden Beschwerden. Auf die meisten derselben ist bereits unter den verschiedenen Abschnitten Bezug genommen, aber einige der Hauptmittel gegen die schlimmen Folgen von Erkältungen mögen hier ihren Platz finden:

Wenn die durch eine Erkältung entstandenen Beschwerden acuter und schmerzhafter Art sind, so sind Aconit, Chamomilla, Nux oder Pulsatilla die passendsten Mittel, aber wenn im Gegentheil wenig Schmerz vorhanden ist, so wird Dulcamara in den meisten Fällen passend gefunden werden.

Aconit paßt bei Zahnschmerzen, Gesichtsschmerzen oder andern Neuralgien mit Kopfweh, Blutandrang, heftiger Fieberhitze ꝛc.

Chamomilla bei Kopfweh, Zahnschmerzen, Ohrenschmerzen oder andern äußerst schmerzhaften Neuralgien mit Aufregung, heftiger Fieberhitze, feuchtem Husten ꝛc.

Dulcamara bei Kopfweh, Augen- und Ohrenbeschwerden, Zahnschmerzen, Halsweh, gastrischen Leiden, feuchtem Husten, schmerzlosem Durchfall, Gliederschmerzen, Fieber ꝛc.

Mercurius bei Gliederschmerzen, Halsweh, Augenleiden, Zahnschmerzen, Ohrenschmerzen, schmerzhaftem Durchfall, Ruhr ꝛc.

Nux vomica bei trockenem Husten, Fieber, Stockschnupfen, Ruhr ꝛc.

Pulsatilla bei Fließschnupfen, feuchtem Husten, Ohrenschmerzen, Fieber, Durchfall ꝛc., und besonders bei schwangeren Frauen.

Schlimme Folgen von Erkältung.

Mittel besonders passend:

Asthma. — Arsenicum oder Ipecacuanha.

Augen=Entzündung. — Aconit, Belladonna oder Pulsatilla.

Durchfall. — Bryonia, Dulcamara oder Mercurius.

Gastrische Beschwerden. — Chamomilla oder Dulcamara.

Gliederschmerzen. — Aconit, Bryonia oder Mercurius.

Halsweh. — Belladonna, Chamomilla, Mercurius oder Kali bichromicum.

Heiserkeit. — Belladonna, Chamomilla, Dulcamara oder Kali bichromicum.

Kolik.—Chamomilla, China oder Nux.

Kopfschmerzen. — Aconit, Belladonna oder Nux.

Neuralgia.—Aconit oder Chamomilla.

Ohrenschmerzen. — Chamomilla, Mercurius oder Pulsatilla.

Taubheit. — Belladonna, Mercurius oder Pulsatilla.

Zahnschmerzen. — Chamomilla, Dulcamara oder Mercurius.

Eine Gabe des passenden Mittels kann alle vier oder sechs Stunden genommen werden..

(Siehe Husten, Schnupfen, Ohrenschmerzen ꝛc.)

Rheumatismus

befällt besonders die Muskeln und Gelenke; der leidende Theil ist heiß und schmerzhaft, häufig roth und geschwollen; Fieber ist mehr oder weniger stets zugegen.

Aconit in Anfällen von hitzigem Rheumatismus, wenn die Fieber-Symptome heftig sind. Eine Gabe drei Mal täglich.

Bryonia. — Schmerzen, besonders in den Muskeln, schlimmer bei Bewegung, mit Kopfweh und gastrischen Symptomen. Eine Gabe Morgens und Abends.

Pulsatilla. — Schmerzen, welche schnell von einem Theil zum andern überspringen; Nachts schlimmer. Eine Gabe Morgens und Abends.

Rhus, wenn die Schmerzen hauptsächlich in den Sehnen sind; schlimmer in der Ruhe, oder beim Aufstehen vom Sitzen oder Liegen. Eine Gabe Morgens und Abends.

Sulphur in fast allen Fällen von chronischen Rheumatismen, sowie auch nach Anfällen von entzündlichem Rheumatismus, wenn die Schmerzen noch nicht ganz verschwunden sind. Eine Gabe Morgens und Abends.

Allgemeines Verhalten. — Zwieback, geröstetes Brod, schwacher Thee, Reis, Sago, leichte Chokolade 2c. sind die beste Nahrung; alles Erhitzende muß vermieden werden. Man wickele die Glieder gut ein, besonders in Watte. (Siehe Hüftweh, Lendenweh, Erkältungen.)

Steifer Hals

entsteht gewöhnlich von Erkältung oder Rheumatismus.

Bryonia, wenn durch Rheumatismus entstanden oder in Verbindung mit Rheumatismus in andern Gelenken. Eine Gabe drei Mal täglich.

Dulcamara, wenn in Folge der Einwirkung von feuchtem oder nassem Wetter entstanden. Eine Gabe drei Mal täglich.

Allgemeines Verhalten. — Man reibe den Hals und Nacken mit Oel oder Fett ein, trage ein Stück Flanell darüber und vermeide sorgfältig alle Zugluft.

Hexenschuß, Hüftweh.

Mit diesem Namen bezeichnet man einen, während des Bückens oder Hebens entstehenden, außerordentlich heftigen Schmerz im Kreuz, der oft jede Bewegung unmöglich macht. Dieses Uebel ist gewöhnlich rheumatischer Natur.

Bryonia, wenn die Schmerzen bei Bewegung schlimmer sind. Eine Gabe Morgens und Abends.

Nux vomica, wenn der Rücken wie zerschlagen fühlt; schlimmer bei Bewegung; Verstopfung. Eine Gabe Morgens und Abends.

Rhus. — Schlimmer in der Ruhe, oder wenn man anfängt, sich zu bewegen. Eine Gabe Morgens und Abends.

Allgemeines Verhalten. — Man reibe den leidenden Theil jeden Morgen und trage eine Flanellbinde darüber. Man sei vorsichtig mit der Diät, da das Uebel oft mit Verdauungsschwäche verbunden ist. (Siehe Rheumatismus.)

Lendenweh

hat seinen Sitz in den Hüftmuskeln oder Schenkelnerven; der meist sehr heftige Schmerz erstreckt sich bis in das Knie, und oft sogar bis in die Ferse; ist gewöhnlich von Magenschwäche begleitet.

Nux vomica, wenn schlimmer des Morgens; Stuhlverstopfung und gastrische Symptome. Eine Gabe drei Mal täglich.

Pulsatilla. — Nachts und beim Sitzen schlimmer. Eine Gabe drei Mal täglich.

Rhus. — Schmerzen, mit Steifheit der Muskeln; schlimmer in der Ruhe, oder wenn man anfängt, sich zu bewegen. Eine Gabe drei Mal täglich.

Allgemeines Verhalten. — Waschen mit kaltem Wasser ist oft von Nutzen, sowohl als Vorbeugungs= wie auch als Hülfsmittel bei der Behandlung. (Siehe Rheumatismus, Magenschwäche.)

Gicht

befällt gewöhnlich die Gelenke der großen Zehe, welche roth, heiß und geschwollen und von brennenden Schmerzen begleitet sind.

Bryonia. — Rothe, scheinende Geschwulst mit stechenden Schmerzen; schlimmer bei Bewegung. Eine Gabe Morgens und Abends.

Pulsatilla, wenn die Schmerzen schnell von einem Gelenk auf das andere überspringen. Eine Gabe Morgens und Abends.

Allgemeines Verhalten.—Diät sehr spärlich; man bähe den leidenden Theil mit warmem Wasser, oder wickele ihn in Watte ein.

Krämpfe der Kinder

kommen größtentheils während des Zahnens vor, von Aufregung des Nervensystems, oder von Diätfehlern.

Belladonna. — Auffahren im Schlafe; Starrheit der Glieder; Schläfrigkeit; erweiterte Pupillen. Eine Gabe alle vier Stunden.

Chamomilla.—Convulsivisches Zucken der Glieder; beständige Bewegung des Kopfes; Röthe der einen Wange. Eine Gabe alle vier Stunden.

Wenn Convulsionen oder Krämpfe von Schreck oder Zorn entstehen — (Siehe Gemüthsbewegungen).

Schluckſen

wird oft dadurch beſeitigt, daß man den Athem einige Sekunden anhält, oder durch Kalt= waſſer= oder Zuckerwaſſer=Trinken. Sollte dies nicht helfen, ſo nehme man eine Gabe Nux.

Körperliche Ermüdung.

Große körperliche Ermüdung verurſacht meiſtens eine allgemeine Mattigkeit und ein Gefühl von Zerſchlagenheit in den Muskeln und Gelenken, zuweilen mit Schlafloſigkeit und vollkommener Erſchlaffung.

Arnica, innerlich, iſt das paſſendſte Mittel gegen die Folgen großer körperlicher Ermü= dung, Gehen, Rudern ꝛc.

Aconit ſollte gegeben werden gegen die üblen Folgen von Erhitzungen durch körper= liche Anſtrengung im Sommer. Eine Gabe von Zeit zu Zeit.

Allgemeines Verhalten. — Miſche einen Eßlöffel voll Arnica=Tinktur mit einem kleinen Waſchbecken voll lauwarmem Waſſer und wasche Hände und Füße damit. Wenn es nöthig ist, Nahrung zu sich zu nehmen, und wenn vollständig erschöpft, sei man vorsichtig nur ein leichtes Mahl zu nehmen und mäßig zu essen. Der mäßige Gebrauch eines Reizmittels ist oft von Nutzen.

Geistige Ermüdung.

Zu vieles Studiren oder Nachtwachen verursacht oft Verwirrung der Gedanken, Kopfschmerzen, Schläfrigkeit oder Schlaflosigkeit mit allgemeiner Abspannung und Mattigkeit.

Nux vomica ist das Hauptmittel und wird gewöhnlich Erleichterung verschaffen. Eine Gabe drei Mal täglich.

Coffea, wenn große nervöse Aufregung und Schlaflosigkeit vorhanden ist. Gelegentlich eine Gabe.

Allgemeines Verhalten. — Vollständige Ruhe ist nothwendig, wenn die geistigen Kräfte zu sehr angestrengt worden sind; man bade sich in kaltem Wasser und bestrebe sich auf alle Weise, das System zu kräftigen. Jahrelange Nervenschwäche und Leiden sind oft die Folgen von Ueberanstrengung der Geisteskräfte.

Schwäche.

Schwäche in Folge von Krankheiten kommt nicht in den Bereich der eigenen Behandlung; nur zufällige Anfälle von Schwäche und Erschöpfung sind hier behandelt.

China, wenn in Folge körperlicher Anstrengung mit starkem Schweiße. Eine Gabe jeden Abend.

Nux vomica nach Ermüdung in freier Luft, hysterische und nervöse Schwäche. Eine Gabe jeden Abend.

Ignatia bei hysterischer oder nervöser Schwäche, oder in Folge von Kummer. Eine Gabe jeden Abend.

Allgemeines Verhalten. — Bei allgemeiner Schwäche, besonders nervösen oder hysterischen Charakters, sind kalte Bäder von wesentlichem Nutzen und sollten regel=

mäßig genommen werden; regelmäßige Bewegung in freier Luft ist ebenfalls von der größten Wichtigkeit, da es dazu beiträgt, das ganze System zu kräftigen.

Ohnmacht.

Allgemeines Verhalten. — Man löse alle beengenden Kleider, bringe den Patienten in eine bequeme Lage, sprenge ihm kaltes Wasser ins Gesicht, reibe Hände und Fußsohlen mit einer Bürste und lasse an Kampferspiritus riechen. Das Zimmer muß gut gelüftet sein.

Wenn Ohnmacht in Folge von Schreck entstanden ist, siehe Gemüthsbewegungen.

Schlaflosigkeit,

nicht in Verbindung mit Krankheit, kann von Magenüberladung, zu großer Aufregung oder kalten Füßen entstehen.

Belladonna, wenn Schläfrigkeit mit Unmöglichkeit zu schlafen vorhanden ist. Eine Gabe beim Schlafengehen.

Coffea, wenn von zu großer Aufregung entstanden. Eine Gabe beim Schlafengehen.

Pulsatilla, wenn von einer zu großen Mahlzeit oder von gastrischen Beschwerden herrührend. Eine Gabe beim Schlafengehen.

Allgemeines Verhalten.—Waschen des Körpers mit kaltem Wasser vor Schlafengehen befördert oft den Schlaf. Man sorge dafür, daß das Schlafzimmer nicht zu warm ist, mache sich viel Bewegung im Freien und gehe regelmäßig zu Bette.

Schlaflosigkeit und Unruhe der Säuglinge

ist oft ein Symptom von Verdauungsstörungen, Zahnen 2c.

Belladonna, wenn das Kind stundenlang schreit, ohne die Augen zu schließen, oder ein paar Minuten schläft und mit Auffahren wieder aufwacht. Eine Gabe zur Schlafzeit.

Chamomilla, wenn Kolik und große Unruhe vorhanden ist. Eine Gabe zur Schlafzeit.

Coffea.—Schlaflosigkeit von Aufregung; Röthe des Gesichts. In den meisten Fällen von Schlaflosigkeit wird dieses Mittel ausreichen. Eine Gabe zur Schlafzeit.

Allgemeines Verhalten.—Ein warmes Bad wirkt häufig besänftigend.

Nervöse Aufregung.

Ursachen. — Es gibt Personen, welche von Natur schwache und empfindliche Nerven haben, aber Manche bringen sich selbst in diesen qualvollen Zustand durch Vernachläßigung der allgemeinen Gesundheitsgesetze, wodurch sie sich den mannigfaltigen Krankheitsformen aussetzen, welche dieses Uebel oft hervorbringt.

Chamomilla, wenn große Reizbarkeit vorhanden ist. Eine Gabe Morgens und Abends.

Coffea bei großer Reizbarkeit, mit Unruhe und Schlaflosigkeit. Eine Gabe drei oder vier Mal täglich.

Allgemeines Verhalten. — Alle an diesem Uebel Leidende sollten spätes Aufbleiben, überfüllte Versammlungen, alle Arten geistiger Aufregung, Romanlesen und Aehnliches vermeiden; sollten sich aller Reizmittel, des Kaffees, starken Thees ꝛc. enthalten und, wenn möglich, auf dem Lande leben; man stehe früh auf und gehe vor zehn Uhr Abends zu Bette, wasche den Körper täglich mit kaltem Wasser, mache sich lebhafte Bewegung in freier Luft, und beobachte eine einfache, gesunde und nahrhafte Diät.

Alpdrücken.

Kennzeichen. — Der Kranke träumt, es liege ein schwerer Körper auf ihm, der ihn so drücke, daß er fast ersticken müsse. Dadurch wird der Träumende ängstlich und erwacht mit einem Schrei.

Aconit, wenn in Begleitung von Fieber und Herzklopfen. Ein oder zwei Gaben vor Schlafengehen.

Nux vomica, wenn viel Sitzen und Genuß erhitzender Getränke schuld ist. Gabe wie Aconit.

Pulsatilla, wenn das Uebel von spätem Essen oder von gastrischen Störungen herrührt. Gabe wie Aconit.

Allgemeines Verhalten.—Personen, welche öfters an Alpdrücken leiden, dürfen Abends nicht viel essen, am wenigsten kurz vor dem Niederlegen, und dann nur leicht verdauliche Speisen. Geistige Getränke sind ganz zu vermeiden, dagegen sind regelmäßige Spaziergänge, ohne sich dabei anzustrengen, anzurathen, besonders nach längerem Sitzen.

Herzklopfen

entsteht oft von Gemüthsbewegungen, nervöser Aufregung, Verdauungsbeschwerden oder Schwäche; ist häufig aber auch ein Symptom einer andern Krankheit, namentlich organischer Herzkrankheiten.

China, wenn von Schwäche entstanden. Eine Gabe Morgens und Abends.

Nux vomica. — Bei kräftigen Personen; schlimmer nach dem Essen, oder wenn der häufige Genuß von Kaffee oder andern erhitzenden Getränken die Ursache ist. Eine Gabe Morgens und Abends.

Pulsatilla, bei nervenschwachen, besonders weiblichen Personen, wenn durch die geringste Ursache hervorgerufen. Eine Gabe Morgens und Abends.

Herzklopfen von Schrecken. (Siehe Gemüthsbewegungen.)

Allgemeines Verhalten. — Man vermeide alle Aufregung und enthalte sich des Genusses von Kaffee, starkem Thee und aller unverdaulichen Nahrungsmittel. Laufen und schnelles Gehen, besonders bergaufwärts und bald nach einer Mahlzeit, sind schädlich.

Hysterie.

Allgemeines Verhalten. — Während des Anfalls lege man die Kranke in eine bequeme Lage an das offene Fenster, lüfte die engen Kleider, besonders am Hals und um den Leib, besprenkele das Gesicht mit kaltem Wasser und lasse sie an Kampher riechen oder gebe ihr eine Gabe Ignatia. Hysterischen Anfällen unterworfene Personen sollten das Tragen enger Kleider vermeiden, und sollten den unter dem Artikel „Verdauungsschwäche" gegebenen Instruktionen folgen.

Wadenkrämpfe.

Kennzeichen. — Plötzliche Zusammenziehung der Wadenmuskeln, häufig eine Folge von Verdauungsschwäche.

Nux vom., wenn es von Verdauungsschwäche entstanden, oder damit verbunden ist. Eine Gabe zwei oder drei Mal täglich.

Rhus, wenn die Anfälle sowohl am Tage

wie in der Nacht stattfinden. Eine Gabe zwei oder drei Mal täglich.

Veratrum, besonders wenn mit Unerträglichkeit der Bettwärme. Eine Gabe zwei oder drei Mal täglich.

Allgemeines Verhalten. — Man presse den Fuß gegen einen harten Gegenstand, wie die Wand, den Fußboden oder die Bettstelle. Zuweilen erhält man sofortige Erleichterung, wenn man die Wade abwärts mit Kampfer=Spiritus einreibt.

Harnbeschwerden.

Die Behandlung derselben sollte dem Arzte überlassen werden; doch sind für plötzliche Anfälle der am meisten vorkommenden Krankheitsformen einige Fingerzeige hier angegeben.

Schwieriges Harnen, oder Harnstrenge, kann von Mißbrauch spirituöser Getränke, von Erkältung, unterdrückten Hämorrhoiden, Schrecken, einem Fall oder Schlag ꝛc. entstehen.

Aconit, bei entzündlichen Symptomen im Wechsel mit einem andern Mittel. Eine Gabe alle zwei oder drei Stunden.

Camphor.—Bei Blasenkrampf, besonders wenn durch Canthariden hervorgerufen. Eine Gabe alle 15 Minuten drei oder vier Mal.

Nux vomica, wenn vom Genuß spirituöser Getränke oder unterdrückten Hämorrhoiden entstanden. Eine Gabe alle ein oder zwei Stunden.

Allgemeines Verhalten. — Man bringe den Patienten in ein Sitzbad von warmem Wasser und bedecke die Blasengegend mit warmem Flanell. Man gebe warme, schleimige Getränke, wie Gummi-Wasser oder Honig und Wasser und sende nach einem Arzte.

Unwillkührlicher Harnabgang entsteht oft von Würmern, gastrischen Störungen, einem zu hohen Grade nervöser Reizbarkeit, mechanischem Druck während der Schwangerschaft ꝛc.

Belladonna.—Krampfhafter Harnabgang, besonders bei nervösen Personen, oder wenn er Nachts abgeht. Eine Gabe drei Mal täglich.

Cina, wenn in Folge von Würmern. Eine Gabe drei Mal täglich.

Rhus. — Vollständiges Unvermögen, den Harn zu halten. Eine Gabe drei Mal täglich.

Allgemeines Verhalten. — Wenn es bei Kindern vorkommt, so sollten sie weniger trinken und sollten in bestimmten Zwischenräumen aufgeweckt werden, um sie an regelmäßiges Harnlassen zu gewöhnen. Tägliches kaltes Waschen des Unterleibes ist sehr wirksam.

Sonnenstich.

Arnica.—Mische zwanzig Tropfen von der Urtinktur mit einem halben Glase voll Wasser; tauche ein Stück Leinwand in diese Mischung und lege es oben auf den Kopf. Man nehme auch eine Gabe Aconit von Zeit zu Zeit.

Dritter Theil.
Kurzgefaßte Materia Medica.

Die Arzneimittel und ihre Anwendung, wie in diesem Buche empfohlen.

I. Aconitum napellus.

In Entzündungen und Fiebern, und in Blutandrang nach verschiedenen Organen; wirkt besonders auf das Circulationssystem und vermindert die Schnelligkeit des Pulses 2c. Die Symptome, welche den Gebrauch dieses Mittels anzeigen, sind: Frösteln mit folgender trockner, brennender Hitze der Haut; Gesichtsröthe; großer Durst; schneller und voller Puls; Kopfschmerzen; Unruhe; bitterer Geschmack des Mundes; Appetitverlust. Aconit ist gewissermaßen und in so hohem Grade die „Homöopathische Lancette," daß es in allen Fällen, wo viel Fieber vorhanden ist, gegeben werden kann, wie z. B. in katarrhalischen, entzündlichen, rheumatischen und einfachen Fiebern, Luft= röhren=Entzündung, Spitzpocken, Bräune, Rose, Ohr=Entzündung, Gicht, Masern, Lungenfell=Entzündung, Hals=Entzündung, Rheumatismus, Scharlachfieber, Blattern, Würmer; in Millar'schem Asthma, Friesel= Ausschlag, Milchborke und Zahnen der Kin= der; ferner wenn sich Fieber=Symptome zei= gen bei Verbrennungen, Verbrühungen oder Wunden; Blutandrang, besonders nach der Brust, dem Herzen und Kopfe, insbesondere bei vollblütigen Personen; bei unterdrückter Regel; bei vollblütigen Frauen, welche eine sitzende Lebensart führen; bei Gesichts= schmerzen mit Röthe und Hitze des Gesichts, großer Unruhe und Reizbarkeit; ferner bei Alpdrücken mit Fieber=Symptomen und üb= len Folgen von Schreck.

Anmerkung. — Die bei jeder Krankheit empfohlenen Mittel sind die **wichtigsten**, haben den größten Wirkungskreis, passen am besten für die Behandlung der betreffenden Uebel und sind für gewöhnliche und einfache Fälle in der Regel ausreichend. Es kommt dessenungeachtet zuweilen vor, daß einfache Beschwerden ihren Charakter ändern, aber dennoch im Bereiche der häuslichen Praxis bleiben; es ist deßhalb für derartige Wechsel Vorsorge getroffen und sind in allen Fällen Mittel verordnet, deren Wirkung so specifisch, deren Arzneikräfte so gründlich erprobt, und deren Wirkungssphäre so ausgedehnt ist, daß dieselben für alle möglicherweise in den Bereich der häuslichen Praxis kommenden Krankheiten werden ausreichend gefunden werden. Aconit und Belladonna sind indeß so besonders für Krankheiten entzündlichen Charakters geeignet, daß der Gebrauch derselben mit Sicherheit dem Urtheil des Lesers überlassen bleiben kann. Dieselben sind die Hauptmittel bei Entzündungen und Fiebern in ihren verschiedenen Formen. In allen Fällen, wo die Fieber-Symptome heftig werden und einfachen entzündlichen Charakters sind, ist Aconit erforderlich; wenn aber das Gehirn angegriffen ist und sogenannte „Kopfsymptome" vorhanden sind, so ist Belladonna das passende Mittel. Belladonna kann ferner mit Sicherheit in solchen Fällen gegeben werden, wo starke Entzündung mit rother heißer Geschwulst des betreffenden Theiles vorhanden ist. Alle vier bis acht Stunden kann eine Gabe verabreicht oder beide Mittel können auch abwechselnd gegeben werden.

2. Arsenicum album.

Beschwerden, welche sich durch äußerste Schwäche und Erschöpfung charakterisiren, mit Brustbeklemmung und beschwerlichem Athmen, wie in Asthma—mit dünnem scharfen Nasen-Ausfluß und Uebelkeit, wie bei Schnupfen und Influenza—mit brennenden Schmerzen in inneren Theilen, großem Durst und Abmagerung, wie in heftigem Durchfall, heftigem Erbrechen, Erbrechen der Schwangeren, und Durchfall der Kinder, sowie bei geschwürigem bösem Halse, wenn mit großer Schwäche verbunden. Bei Gesichtsschmerzen und in Schmerzanfällen mit Angst, Kälte, Neigung zum Niederlegen und plötzlicher äußerster Schwäche. Bei gastrischen Störungen durch Früchte und Säuren und bei Durchfällen, die entweder schmerzlos oder mit Brennen und heftiger Kolik verbunden sind.

3. Belladonna.

Bei entzündlichen, rheumatischen und anderen Fiebern mit deutlich markirten entzündlichen Gehirn-Symptomen, Delirium, Aufschrecken ꝛc. Beschwerden, die sich durch Blutandrang nach verschiedenen Theilen kennzeichnen — nach dem Kopfe, wie Blutandrang nach dem Kopfe, Summen in den Ohren, Schwindel und Nasenbluten,—nach dem Kopfe, mit Kopfschmerzen und Schlaflosigkeit, wie bei Spitzpocken,—mit Empfindlichkeit gegen das kleinste Geräusch, wie bei congestiven Kopfschmerzen, — mit rauhem, trockenem Husten und Halsweh, wie bei Keuchhusten, — und nach Kopf und Brust, wie bei Schlagfluß. Entzündungen — mit Disposition zur Eiterung, wie bei Eiterbeulen und Geschwüren—mit großer Geschwulst und hoher Röthe der Theile, wie bei Augen=

liter-Entzündung, geschwollenen Mandeln, Zahngeschwür, Ohrdrüsen-Entzündung und Halsentzündung, mit großer Lichtscheu, Kopfschmerzen und Röthe des Weißen im Auge, wie bei Augen-Entzündung. Entzündliche Nerven-Affectionen, wie bei Zahn- und Gesichtsschmerzen. Beschwerden mit rother heißer Geschwulst, mit Durst, Kopfweh und Unruhe wie bei Rose; oder mit einer gleichmäßigen, glatten, scheinenden Scharlachröthe, wie bei Scharlachfieber, Erkältungsbeschwerden, wie krampfartiger Husten, mit Kopfweh beim Husten oder mit Halsweh; katarrhalische Kopfschmerzen; und in Heiserkeit und Stimmlosigkeit in Begleitung von Halsentzündung. Convulsivische Bewegungen und Krämpfe, — Krämpfe bei Kindern oder bei Säuglingen, mit Schläfrigkeit und erweiterten Pupillen; Kneipen und zusammenziehende Schmerzen im Bauche, besonders um die Nabelgegend, wie bei Kolik; oder mit Blässe des Gesichts und beständigem

Schreien, wie bei Kolik der Säuglinge. Ferner bei Schlaflosigkeit, wenn Schläfrigkeit, mit Unmöglichkeit zu schlafen, vorhanden ist, und bei Schlaflosigkeit der Säuglinge.

Anmerkung. — Siehe Anmerkung unter Aconit.

4. Bryonia alba.

Beschwerden, die sich durch rheumatisches und gichtisches Spannen, Ziehen, Reißen und Stechen in den Gliedern, besonders bei Bewegung, auszeichnen, mit rother scheinender Geschwulst des Theiles, wie bei Rheumatismus, Gicht und Hüftweh; ferner Steifheit und Stiche in den Gelenken bei Berührung und Bewegung, wie bei steifem Nacken und Rheumatismus, und bei rheumatischen Kopfschmerzen, die sich bei veränderlichem Wetter verschlimmern. In Entzündungen, wie der Lunge, der Leber und des Magens. Beschwerden der Lunge und der mit den Athmungsorganen in Verbindung stehenden

Muskeln, — trockener heftiger Husten mit stechenden Schmerzen oder Stichen in der Seite oder Brust, Kopfschmerzen und Erbrechen, wie bei Bronchitis und Lungenfell-Entzündung, oder mit schwieriger Schleimlösung, wie bei Husten. In Gallen- und gastrischen Beschwerden, wie bei Kopfschmerzen, mit drückenden Schmerzen in der Stirn, Verstopfung, Uebelkeit und Erbrechen; in Magenhusten, wenn der Anfall nach Essen oder Trinken entsteht, mit Erbrechen der genossenen Speisen; bei Magenschwäche und Verstopfung, besonders im Sommer, oder von sitzender Lebensweise; und bei Durchfall nach kalten Getränken. Ferner bei Verstopfung während der Schwangerschaft. Nachtheilige Folgen von zurückgetretenen Masern, Scharlach, Friesel und andern Hautausschlägen, und bei Hühneraugen mit drückenden Schmerzen oder brennend-stechend, oder mit Wundheitsgefühl bei Berührung.

5. Calcarea carbonica.

Beschwerden bei scrophulöser und schwacher Constitution, besonders bei vorherrschender Disposition zu Erkältung und Durchfall; paßt besonders für gebrechliche, schlecht genährte Personen oder für solche, die in ihrer Jugend Anlage zum Dick- und Fettwerden haben.

Calcarea ist besonders wirksam bei Beschwerden in Folge von Menstruations-Unregelmäßigkeiten, wie Muskelschwäche, zu häufige Regel, Weißfluß, großer Reizbarkeit des Nervensystems ꝛc.

Chronische Ausschläge, Nesselfriesel, Sommersprossen, Warzen und Hühneraugen. Gastrische Beschwerden, saures Erbrechen, Sodbrennen nach irgend welcher Nahrung, Erbrechen des Genossenen und sauren Wassers. Schwieriges Zahnen und schwieriges Laufenlernen bei Kindern. Paßt ganz besonders in chronischen Krankheiten.

6. Camphora.

Dies Mittel ist unschätzbar im Anfangs-Stadium der Influenza und Störungen im Allgemeinen mit Frösteln und Fieberschauer, bösartige Cholera, plötzlicher Erschlaffung des Nervensystems; Ohnmacht und Schwindel; Krämpfe in den Beinen, Armen oder im Leibe; heftiger Durchfall. Es ist ein Gegenmittel für fast alle Pflanzengifte. Da es sehr flüchtig ist, sollte es von andern homöopathischen Mitteln abgesondert aufbewahrt werden.

Anmerkung. — Die homöopathische Campher-Tinktur ist nützlich um die Wirkung der Arzneien aufzuheben, wenn es nothwendig ist; und ist ferner sehr werthvoll im Anfang von Schnupfen, Influenza, Cholera ꝛc.

Anwendung. — Die befeuchteten Streukügelchen oder zwei bis fünf Tropfen auf ein Stückchen Zucker alle halbe bis zwei Stunden.

7. Carbo vegetabilis.

Nachtheilige Folgen von Merkurmißbrauch, wie übelriechender Athem, Bluten des Zahnfleisches und Mundfäule. Beschwerden von Verdauungsstörungen durch den Genuß fetten Fleisches, Schweinefleisches ꝛc.; oder bei Würmerbeseigen, sauerem oder bitterem Aufstoßen, vielem Windeabgang; ferner bei Magenkrämpfen mit brennenden zusammenziehenden Schmerzen.

8. Chamomilla.

Hypochondrische und hysterische Anfälle, hysterische Ohnmachten ꝛc., sowie auch üble Folgen von Aerger oder Zorn. Große Reizbarkeit und Ueberempfindlichkeit des ganzen Nervensystems, bei nervöser Aufregung, Unruhe, mit Wehklagen und Umherwerfen. Gastrische und biliöse Beschwerden, mit Erbrechen, Durst, Appetitverlust, Kolik oder Durchfall (Ausleerungen wie gehackte Eier), wie bei galligen Anfällen, galligem

Durchfall, schmerzhaftem Durchfall, Durchfall bei Schwangeren und bei Säuglingen. Beschwerden nach Erkältung, Ohrenschmerzen mit Reißen und Trokkenheit der Ohren; Gesichtsgeschwulst und Gesichtsschmerzen mit harter Geschwulst; heißes und rothes Gesicht, oder mit krampfartigem Zucken der Gesichtsmuskeln; oder Zahnschmerzen von Erkältung, oder während der Schwangerschaft. Rheumatische Kopfschmerzen, und rheumatische, ziehende, reißende Schmerzen mit Lähmigkeit- und Taubheitsgefühl der leidenden Theile; Nachts verschlimmert. Unerträglich scheinende Schmerzen verschlimmert durch jede Bewegung; bei Kolik mit Unruhe und Umherwerfen; bei Kolik der Säuglinge, wenn Gesichsröthe und Durchfall zugegen ist; ferner bei Menstrual-Kolik. Verschiedene Beschwerden der Kinder und Neugebornen: Millar'sches Asthma mit kurzem Athem, Unruhe und Schreien, Magen-Auftreibung bei Erkältungen, Abschälung der Haut, Schlaflosigkeit und Fieber während dem Zahnen mit Unruhe und Umherwerfen; ferner bei Krämpfen der Kinder mit convulsivischen Zuckungen der Glieder, fortwährender Bewegung des Kopfes und Röthe der einen Wange. Trockener Husten mit spärlichem Auswurf. Druckschmerz in der Herzgrube, wie von einem Stein, mit großer Angst und Umherwerfen, wie bei Magenkrampf.

9. China.

Große Schwäche in Folge von Säfteverlust, sowohl nach schweren erschöpfenden Krankheiten, heftigen Blutungen, oder Schweißen, oder Durchfällen, als nach Aderlässen oder sonstigen Schwächungen aller Art. Herzklopfen, Schwindel und Ohnmacht nach Blutverlust. Bei Magenschwäche, Gallen- oder gastrischen Beschwerden, mit vermindertem Appetit, großer Verdauungsschwäche, Blähungen, bitterem Mundgeschmack, Aufstoßen und Sodbrennen, Blähungskolik, oder mit gelber Hautfarbe, Gelbsucht; ferner bei gelben, wässerig-schleimigen, oder schmerzlosen Durchfällen, oder Durchfällen von unverdauten Stoffen. Krankheiten mit regelmäßigen Anfällen, wie Gesichtsschmerzen ꝛc.

10. Cina.

Bei Wurmbeschwerden, mit Schlaflosigkeit, erweiterten Pupillen, Heißhunger, Neigung mit dem Finger in der Nase zu bohren, oder unwillkührlichem Harnabgang.

11. Coffea cruda.

Krankhafte Ueberreiztheit des ganzen Nervensystems, wie bei nervösen Kopfschmerzen, Schlaflosigkeit, Schlaflosigkeit der Säuglinge, geistiger Ermüdung und nervöser Aufregung. Ueberempfindliche Schmerzhaftigkeit der leidenden Theile und große Ueberreiztheit des Körpers und Geistes.

12. Colocynthis.

Bei Blähungskolik und Schmerzen in verschiedenen Theilen des Körpers, welche den Charakter von Krämpfen annehmen, heftigen Magenschmerzen mit nachfolgendem heftigem Durchfall, Bauchauftreibung von Winden mit heftigen Leibschmerzen und Unruhe des ganzen Körpers; schaumige, grünliche oder gelbliche Durchfallstühle, ruhrartige Stühle mit Schleim und Blut, mit oder ohne Stuhlzwang bei den Entleerungen.

13. Cuprum (Aceticum oder Metallicum).

Störungen des Nervensystems, die sich durch Convulsionen und krampfhafte Bewegungen 2c., charakterisiren; Epilepsie mit heftigen Krämpfen, Gesichtsblässe, Schwindel und große Schwäche; Veitstanz; Cholera, mit heftigen Glieder-Krämpfen; Uebelkeit, mit heftigem Erbrechen, mit Magen- und Gliederkrämpfen, mit heftigen Durchfällen; Keuchhusten, langanhaltende Anfälle von krampfhaftem Husten mit Schleimerbrechen; bläuliches Gesicht und Lippen.

4. Dulcamara.

Erkältungsbeschwerden, wie lockerer Husten, Durchfall, Nesselfriesel, steifer Hals und Zahnschmerzen.

15. Hepar sulphuris calcarea.

Bei Eiterung entzündeter Theile, den Eiterprozeß befördernd, wie bei Eiterbeulen, Blutschwären, Gerstenkorn, Zahn- und Fingergeschwüren. Bei Entzündung der Augenlider mit nächtlichem Zuschwären. Katarrhalische Beschwerden, mit lockerm Husten und Schleimrasseln, wie bei Croup; auch bei chronischer Heiserkeit. Ueble Folgen von Merkurmißbrauch; Magen- und Verdauungsschwäche bei Personen, die zu viel Merkur genommen haben. Bei süchtiger, unheilsamer Haut, wo selbst geringe Verletzungen böse werden und schwären. Auf-

gesprungene Haut und Schrunden an Hän=
den und Füßen.

16. Ignatia amara.

Ueble Folgen von Schreck und stillem
Kummer. Schwäche bei hysterischen und
Ohnmachts=Anfällen. Traurigkeit, große
Gleichgültigkeit und Apathie; Wortkargheit;
Beschwerden bei Personen von nervösem
Temperament, wie nervöse Kopfschmerzen.

17. Ipecacuanha.

Erstickungs=Anfälle, wie bei Asthma, mit
Zusammenschnürungs=Gefühl und Schleim=
rasseln in der Brust; bei Millar'schem Asth=
ma mit bläulichem Gesicht oder bei Keuch=
husten mit bläulichem Gesicht oder Ansamm=
lung von Schleim in der Brust. Biliöse
und gastrische Beschwerden, mit Erbrechen
der genossenen Speisen oder gallichter Stoffe
und großem Widerwillen und Ekel gegen
alle Speisen, wie bei **biliösen Kopf=**

schmerzen, Verdauungsschwäche, Erbrechen oder Uebelkeit, und Erbrechen während der Schwangerschaft; ferner wo Durchfall von Erbrechen begleitet ist, wie bei Durchfällen der Säuglinge. Blutungen aus verschiedenen Organen, wie bei zu starker Regel und Bluterbrechen.

18. Kali bichromicum.

Affectionen der Schleimhäute und der Haut. Abgang aus Nase, Mund, Hals, Magen, Scheide, oder irgend welchen Schleimhäuten, eines zähen, klebrigen Schleims, welcher sich an die Theile anheftet und sich lang in Faden ziehen läßt; Husten, mit Auswurf eines zähen, klebrigen Schleims, welcher sich an Hals, Mund und Lippen anheftet; der Husten ist würgend und croupartig, und des Morgens schlimmer. Häutige Bräune, chronische Heiserkeit, chronische Bronchitis, mit zähem, klebrigem Auswurf und brennenden Schmerzen in der Luftröhre und Luftröhrenästen; Diphtheria, diphtheriaartige Ausschwitzungen der Nasenlöcher, des oberen Theils des Schlundes, des Kehlkopfes, der Luftröhre ꝛc. Paßt besonders für dicke Personen mit hellen Haaren, und in scrophulösen, katarrhalischen und syphilitischen Krankheiten.

19. Mercurius.

Es werden bei der homöopathischen Behandlung verschiedene Präparate von Mercurius angewandt; wir beziehen uns in diesem Buche nur auf drei:

1) Mercurius solubilis, oder vivus.

Da die Wirkung dieser beiden sehr ähnlich ist, so ist es nicht nöthig, einen Unterschied dazwischen zu machen.

Beschwerden, welche mit den Schleimhäuten, den Drüsen und der Leber verbunden sind. Catarrhalische und entzündliche Affectionen der Athmungsorgane und Lungen, wie Schnupfen, Bronchitis, Husten mit Heiserkeit, catarrhalische Kopfschmerzen, Heiserkeit, und Influenza mit einem oder dem andern der folgenden Symptome: trockner und erschütternder Husten; Schweiß während des Hustens; Heiserkeit oder Stimmlosigkeit; schleimiger Fließschnupfen; wunde Nase; Stockschnupfen; häufiges Niesen; Kopfschmerzen; böser Hals. Entzündliche Fieber mit Neigung zu Schweiß. Geschwulst und Entzündung der Mandeln, wie bei Gesichtsgeschwulst, geschwollene Mandeln und Ohrdrüsen-Entzündung (Ziegenpeter). Bei Leber-Entzündung; bei gastrischen und biliösen Leiden, wie biliöse Anfälle und Verstopfung mit Kopfschmerzen, Uebelkeit und Erbrechen, dickbelegter Zunge und bitterm Mundgeschmack; oder bei schleimigem oder galligem Durchfalle, kolikartigem Durchfalle und Ruhr, mit viel Zwängen und Entleerungen von Blut oder Schleim, Kolik;

oder mit klebrigem Schweiße. In verschiedenen Arten von Ausschlägen und Geschwüren, und in Eiterungen mit Neigung zur Zertheilung oder zur Beförderung des Eiterungsprozesses, wie bei Eiterbeulen, Zahn- und Fingergeschwüren; ferner bei Mund- und Halsaffectionen, wie **übelriechender Mundgeruch, Bluten des Zahnfleisches, Schwämmchen und Mundfäule**, besonders wenn das Zahnfleisch erkrankt und mit Geschwüren behaftet ist; bei bösem Hals mit Verlängerung des Zäpfchens, und bei Halsentzündung mit Geschwüren, Speichelfluß, und stechenden Schmerzen im Halse; ferner in Fällen, wo die Zähne locker sind, das Zahnfleisch geschwollen ist und zurücktritt und viel Speichelfluß vorhanden ist (ausgenommen, natürlich, wenn von Merkur-Mißbrauch entstanden, in welchem Falle man Carbo veg. zu nehmen hat). Beschwerden von Erkältung, katarrhalische Schwerhörigkeit, und Schmerzen, welche, besonders Nachts, unerträglich scheinen, wie bei Ohrenschmerzen, Gesichts- und Zahnschmerzen; Leberleiden, besonders wenn die Haut eine schmutzige gelbe Farbe annimmt, wie in Gelbsucht der Erwachsenen und Kinder. Hautkrankheiten, Jucken, nächtliches Jucken, verschlimmert durch die Bettwärme; bei bläschenartigen Ausschlägen, wie Rothlauf; und bei pustelartigen Ausschlägen, wie bei Blattern; bei Würmern, wenn Durchfall mit Pressen vorhanden ist.

2) Mercurius corrosivus.

Ruhrartige Anfälle mit Drängen, brennenden Schmerzen im Unterleib, und Stühlen von Blut und Schleim; scrophulöse, rheumatische und syphilitische Augenentzündung.

3) Mercurius jodatus.

In Krankheiten der Drüsen und Lymphgefäße. Dieses Präparat von Mercurius paßt am besten bei Halskrankheiten, wie

Mandelbräune und Diphtheria, und bei syphilitischen Affectionen.

20. Nux vomica.

Beschwerden bei Personen von lebhaftem, feurigem Temperament, und die leicht zornig werden, und solchen, die zu Hämorrhoiden geneigt sind. Folgen und Beschwerden sitzender Lebensart, geistiger Anstrengung und Ermüdung, sowie von geistigen Getränken und Kaffee. Störungen der Verdauungsorgane, wie: Biliöse Anfälle, übelriechender Athem, Kolik, Verstopfung, Wadenkrämpfe, Blähungen, Schwindel, Ohrensausen, biliösen Kopfschmerzen, Herzklopfen, Magenschwäche, Sodbrennen, Verstopfung bei Säuglingen, Seekrankheit, Halsweh mit Verlängerung des Zäpfchens, Magenkrampf, Zahnschmerzen und Erbrechen oder Uebelkeit mit einem oder mehreren der folgenden Symptome: Kopfschmerzen, besonders über den Augen; schleimig belegte Zunge, Appetitverlust, bitterer Mundgeschmack, Widerwillen gegen Speisen, Bauchgrimmen, krampfartig zusammenziehende Magenschmerzen, Schwindel, Blähungen; Sodbrennen, leichte oder hartnäckige Verstopfung, oder Abgang kleingeformter Stücke mit vielem Pressen; Uebelkeit oder saures Erbrechen; oder bei Schlagfluß und Alpdrücken, wenn von überladenem Magen herrührend. Bei blinden oder blutenden Hämorrhoiden. Leiden katarrhalischen Charakters, wie bei Asthma, mit Beklemmung des unteren Theiles der Brust, Athemnoth und kurzem Husten; bei Schnupfen, trockenem Husten, katarrhalischem Husten und Erkältungen bei Säuglingen, mit Verstopfung der Nasenlöcher, Geruchsverlust und Niesen. Bei Blutandrang nach dem Kopfe und congestiven, rheumatischen und nervösen Kopfschmerzen mit Schwere im Kopfe; spannender Kopfschmerz, besonders in der Stirn. Rheumatische Beschwerden, wie Hüft- und Lendenweh, mit Verstopfung und biliösen Symptomen. Hysterische und hypochondrische Beschwerden. Hysterische Schwäche und schwache Verdauung in Folge derselben. Beschwerden der Schwangerschaft, wie Verstopfung, Zahnschmerzen und Erbrechen, und bei zu starker, schmerzhafter und zu häufiger Regel.

21. Phosphorus.

Hysterische und allgemeine, plötzliche und äußerste Schwäche. Katarrhalische Affectionen und Beschwerden der Athmungsorgane, des Halses, der Luftröhre und Brust; Verstopfung und lästige Trockenheit der Nase, Heiserkeit und Rauhheit des Halses, acute und chronische; Stimmlosigkeit; trockener Husten mit Stechen im Halse; Brustschmerzen; beschwerliches und ängstliches Athmen. Chronische Durchfälle, oder Durchfälle, die schmerzlos sind, besonders bei alten Leuten, Frostbeulen an Händen und Füßen.

22. Pulsatilla.

Beschwerden, besonders der Frauen, oder Personen von sanftem, gutmüthigem Temperament, die zu Schnupfen und andern Schleimausleerungen geneigt sind. Verdauungsstörungen und Beschwerden von fetten Speisen, Schweinefleisch, Backwerk und Früchten, wie bei **biliösen Anfällen, übelriechendem Athem, kolikartigem Durchfall, Blähungen, Kolik, Schwindel, Ohrensummen, biliöse Kopfschmerzen**, Verdauungsschwäche und Uebelkeit oder Erbrechen, mit einem oder mehreren der folgenden Symptome: halbseitige Kopfschmerzen, bitterer Mundgeschmack, Appetitverlust oder Hunger, belegte Zunge, Aufstoßen, Blähungen, Uebelkeit oder Erbrechen von Speisen; schleimiger, weißlicher oder galliger Durchfall und Frösteln. **Schlaflosigkeit** nach einer allzu starken Mahlzeit, und Alpdrücken in Folge von gastrischen Störungen. Katarrhe mit reichlichen Schleim-Entleerungen, wie bei Schnupfen, mit Verlust des Geruchs und Geschmacks; bei Bronchitis und lockerem Husten, mit Schleimrasseln, schlimmer beim Niederlegen; ferner Heiserkeit, mit lockerm Husten und dickem Nasen-Ausflusse; und bei Keuchhusten, wenn der Husten lose ist. Gichtische oder rheumatische Schmerzen, welche plötzlich von einem Theil zum andern überspringen, oder welche beim Sitzen oder des Nachts sich verschlimmern; zuweilen mit Geschwulst des leidenden Theiles, wie bei Gicht, Rheumatismus und Hüftweh. Bei **Gerstenkorn**, ehe sich Eiter gebildet hat, und Augen- und Augenlider-Entzündung, mit Röthe der Augenlider, Schleimabsonderung und nächtlichem Zusammenkleben; auch bei Thränen der Augen in freier Luft. Ohrenentzündung, und

Ohrenschmerzen, mit Röthe, Geschwulst und Hitze des Ohres mit Summen darin. Nervöse Beschwerden, wie **nervöse Kopfschmerzen und Herzklopfen bei Frauen**, wenn es durch die geringste Ursache entsteht. Hautleiden, fieberhafte Ausschläge, besonders Masern; Frostbeulen, mit bläulich=rothem Geschwulst, Hitze und brennendem Klopfen. Schmerzhafte oder unterdrückte Regel und Menstrual=Kolik; ferner bei **Durchfall, Zahnschmerzen und Aderknoten** während der Schwangerschaft.

23. Rhus toxicodendron.

Rheumatisches und gichtisches Spannen, Ziehen und Reißen in den Gliedern, schlimmer in der Ruhe, oder bei der ersten Bewegung nach der Ruhe, wie bei Rheumatismus, Lenden= und Hüftweh. Lähmigkeit in allen Gelenken, schlimmer beim Aufstehen vom Sitzen, bei längerer Bewegung gebessert. Steifigkeit in den Gliedern bei der ersten Be=

wegung nach der Ruhe. Lähmige Steifigkeit in den Armen oder Beinen bei der ersten Bewegung, wie bei **Wadenkrampf**, Rose, Nesselfriesel, Kopfgrind, Ringflechten, Gürtelrose, **Friesel=Ausschlag**, **Milchborke** und anderen Ausschläge, besonders bläschenartigen, welche Schorfe bilden mit brennendem Jucken; kleine brennende Bläschen mit Röthe der Haut über den ganzen Körper; Harnfluß, besonders wenn während der Ruhe der Urin unwillkührlich abgeht. Ueble Folgen von **Verhebung**, **Verrenkung**, **Erschütterung** und anderen mechanischen **Verletzungen**, wie Quetschungen, Nasenbluten ec. Affectionen der Sehnen, Flechsen und Häute; Warzen und Hühneraugen mit Brennen und Wundheitsgefühl.

24. Spongia.

Bräune (Croup) mit hohlem, trockenem, bellendem Husten; pfeifendes Einathmen; Erstickungsanfälle.

25. Sulphur.

Beschwerden, besonders bei Personen von lymphatischer Constitution, die zu Hautausschlägen ꝛc. geneigt sind, oder von biliöser Constitution, die zu Hämorrhoiden, Hypochondria und Melancholie Anlage haben. Chronische Krankheiten im Allgemeinen, chronische Störungen der Verdauungsorgane, wie Verdauungsschwäche, Stuhlverstopfung und Sodbrennen; chronische rheumatische Beschwerden; chronische und periodische Kopfschmerzen; ferner chronischer Husten mit reichlichem Auswurf, Hämorrhoiden und Hämorrhoidal-Beschwerden. Scrophulöse Leiden, Knochen-Verkrümmungen, Drüsenleiden, Ausschläge und Hautkrankheiten, Kopfgrind, Hautjucken, Ansprung, Finnen, Pocken, besonders während dem Eiterungs-Stadium, Blutschwäre, Warzen, Hühneraugen, Hautschrunden ꝛc., ferner langwierige Frostbeulen, oder mit

Röthe, Geschwulst und Eiterung, oder mit Jucken in der Wärme. Sulphur ist längst als ein specifisches Mittel gegen Krätze bekannt. Wadenkrampf und Zusammenziehen der Gelenke. Ruhr mit Pressen beim Stuhl, und Entleerungen von Schleim und Blut, Bläschen im Munde, Schwämmchen und Wurmbeschwerden, Aderknoten während der Schwangerschaft und Weißfluß, wenn der Ausfluß scharf ist. Sulphur übt einen so großen Einfluß auf das ganze System aus, daß es nur wenige chronische Fälle gibt, in denen es nicht gebraucht wird, sowohl im Anfange der Behandlung, um das System für die Wirkung anderer, mehr speziell angezeigten Mittel vorzubereiten, wie auch in acuten Fällen Wirkungen zu beseitigen, welche keinem andern Mittel zu weichen scheinen, z. B. in der Behandlung von Masern, Rippenfell=Entzündung, ꝛc.

26. Tartarus emeticus.

Die Hauptwirkungssphäre dieses Mittels liegt in den Schleimhäuten, der Haut und der Lunge. In großen Gaben bringt es eine Art katarrhalischer Entzündung hervor, beginnt in den Schleimhäuten des Halses und verbreitet sich bis zu der Luftröhre und ihren Verzweigungen, und übt oft ihren reizenden Einfluß bis auf die Lungen selbst aus. Wir finden deßhalb, daß Tartar. emetic. ein werthvolles Mittel in gewissen Arten von Entzündungen dieser Theile ist, wie in katarrhalischer Bräune, Bronchitis und Lungen-Entzündung. Es ist ein sehr gutes Mittel bei Pocken und wird oft, wenn zeitig gebraucht, die Krankheit ohne ein anderes Mittel heilen.

27. Veratrum album.

Wadenkrämpfe, mit Krämpfen und Schmerzen, welche die Bettwärme nicht vertragen können; heftiger Durchfall mit Leibschneiden,

Erbrechen und Kälte des Körpers; Cholera-Symptome, kalte klebrige Schweiße, Puls langsam und fast erloschen, höchste Schwäche, Frost und Schauder.

―――

Um die Anwendung und Wirkung der verschiedenen Mittel anschaulicher zu machen, sind die Organe des Körpers, auf welche dieselben speziell einwirken, sowie die Temperamente, Körperbeschaffenheit und Zustände, für welche sich solche besonders eignen, hier eingeschaltet.

Arznimittel, nebst den Organen ꝛc. des Körpers, auf welche dieselben speziell einwirken.

Aconit wirkt hauptsächlich auf die Circulations-Organe.

Arnica — die Haut und absorbirenden Gefäße.

Arsenicum — den Darmkanal, die Respirations-Organe und Haut.

Belladonna wirkt hauptsächlich auf das Gehirn, die Respirations-Organe und Haut.

Bryonia — die Muskeln, die serösen Häute der Gelenke, Lungen, Respirations-Organe und Leber.

Calcarea — die Schleimhäute, das Drüsen- und Knochensystem und die Haut.

Carbo veg. — die Verdauungs-Organe.

Chamomilla — das Nervensystem, den Magen, die Leber und Eingeweide.

China — das Nervensystem.

Cina — den Magen, Darmkanal und das Gehirn.

Colocynthis — den Magen, die Eingeweide, das Gehirn und die Nerven.

Coffea — das ganze Nervensystem.

Cuprum — die Nerven des Gehirns und Rückenmarks, und Unterleibs-Eingeweide.

Drosera — die Bronchien (Verzweigungen der Luftröhre).

Dulcamara wirkt hauptsächlich auf die Haut, Schleimhäute und Drüsen. -

Hepar — die Drüsen, Haut, Schleimhäute und Luftröhre.

Ignatia — das Gehirn und Nervensystem im Allgemeinen.

Ipecacuanha — die Schleimhäute.

Kali bichromicum — die Schleimhäute, das Drüsensystem (Leber und Milz), die serösen Häute und die Haut.

Mercurius — die Drüsen, Haut, Leber und Schleimhäute.

Nux vomica — den Magen, die Eingeweide, Leber und die Nerven des Gehirns und Rückenmarks.

Phosphorus — die Bronchien und Respirations=Organe.

Pulsatilla — den Magen, die Eingeweide, Schleimhäute und das Nervensystem.

Rhus — die Sehnen, Flechsen, Bänder und Haut.

Spongia wirkt hauptsächlich auf die Luft=
röhre und ihre Verzweigungen.

Sulphur — die Haut, Schleimhäute und
zum großen Theil den ganzen Organis=
mus.

Tartar emet.—den pneumo=gastrischen Ner=
ven, die Schleimhäute der Respirations=
Organe und die Haut.

Veratrum — den ganzen Darmkanal und
das Gehirn.

**Temperamente, Constitutionen und Zu=
stände, nebst den für diese besonders
passenden Mitteln.**

Biliöses Temperament—Aconit, Bryonia,
Chamomilla, Mercurius, Nux vomica, Pulsatilla.

Frauen — Aconit, Belladonna, Chamomilla, Pulsatilla.

Frauen, Hysterische — Ignatia, Nux vomica, Pulsatilla, Colocynthis.

Geschwächte Constitution — Arsenicum, Calcarea, China, Nux vomica, Sulphur, Kali bichromicum.

Hypochondrische Gemüthsart — Calcarea, Nux vomica, Sulphur.

Kinder oder Säuglinge — Aconit, Belladonna, Calcarea, Chamomilla, Ipecacuanha, Mercurius.

Nervöses Temperament — Aconit, Chamomilla, China, Coffea, Ignatia, Nux vomica, Pulsatilla, Colocynthis.

Phlegmatisches Temperament — (Ruhig, bequem) Pulsatilla.

Plethorische (vollblütige) Constitution — Aconit, Belladonna, Nux vomica, Pulsatilla.

Sanguinisches Temperament — Aconit, Arnica, Belladonna, Bryonia, Nux vomica.

Scrophulöse Constitution — Arsenicum, Calcarea, Hepar, Mercurius, Sulphur.

Alphabetisches Register.

Nebst den für jede Krankheit 2c. passenden Mitteln.

———

	Seite
Abscesse — Bell., Hep., Merc.	133
Aconitum napellus	178
Aberknoten — Puls., Sulph.	149
Aerger, Nachtheile von	41
- Durchfall von — Cham.	41
- Gelbsucht von — Cham.	41
- Kolik von — Cham.	41
- Kopfweh von — Cham.	41
- Krämpfe von — Cham.	41
- Verdauungsbeschwerden von — Cham.	41
Alpdrücken — Acon., Nux, Puls.	171
Ansprung — Acon., Rhus, Sulph.	130
Appetitlosigkeit — Chin, Nux, Puls.	100
Arnica montana	12. 154
Arsenicum album	181
Asthma — Ars., Ipec., Nux	83
- Millar'sches — Cham., Ipec., Samb.	84
Athem, kurzer — Ars., Ipec., Nux	83

Seite

Athem, übelriechender — Carb. veg., Merc., Nux, Puls. 88
Aufgesprungene Hände — Arn., Hep., Sulph. 131
Aufregung, nervöse — Cham., Coff. . . . 170
Auge, blutunterlaufenes — Arn. 153
Augen-Entzündung — Acon., Bell., Merc., Puls. 55
Augenfluß — Sulph. 56
Augenlider-Entzündung—Bell., Hep., Sulph. 56
Augenlider, Zusammenkleben der — Puls. . 56
Ausfluß aus der Nase — Ars., Merc., Puls., Sulph. 85
Ausfluß aus den Ohren — Merc., Puls. . . 50
Ausschläge, bläschenartige — Rhus 206
    - chronische — Calc. carb., Sulph. 186. 207
    - unterbrückte — Bry. 185
    - zurückgetretene — Bry. 185
Aeußerliche Verletzungen 153
Backengeschwulst — Cham., Merc. 53
Bauchgrimmen, siehe Kolik 108
Belegte Zunge — Merc., Nux, Puls. 197. 201. 203
Belladonna 182
Biliöser Durchfall — Cham., Merc. . . . 111
Biliöses Erbrechen — Ipec., Nux, Puls. . 101
Biliöse Kolik — Cham., Coloc., Nux . . 108
    - Kopfschmerzen — Bry., Ipec., Nux, Puls. 45

Alphabetisches Register.

Seite

Blähungsbeschwerden — Chin., Nux, Puls. . . 90
Blähungskolik — Cham., Chin., Coloc., Nux,
    Puls. 108
Blasen-Entzündung — Acon. 20
Blattern — Acon., Merc., Sulph., Tart. em. 38
Blutandrang — Acon., Bell., Nux . . . 43
Blutbrechen — Acon., Ipec. 102
Blutschwäre — Bell., Hep., Sulph. . . . 137
Blutunterlaufenes Auge — Arn. 153
Bluten der Nase — Arn., Bell., Rhus. . . 48
   = des Zahnfleisches — Carb., Merc. . . 61
Blutige Stühle — Acon., Coloc., Merc., Ipec. 115
Brandwunden — Urtica 13
Bräune, häutige — Acon., Hep., Spong. . 75
   = krampfartige — Cham., Ipec., Samb. 84
   = Mandel- — Acon., Bell., Merc. . 68
   = Rachen- — Bell., Kali bichr., Merc. 65
Brechdurchfall — Ars., Ver., Phosph. . . 113
Bronchial-Katarrh — Bry., Cham., Merc.,
    Phosph.; Puls., Tart. em., Kali bich. 81
Brustfell-Entzündung — Acon., Bry., Sulph. 87
Brustkrampf — Arn., Ipec., Nux 83
   = der Kinder — Cham., Ipec., Samb. 84
Brustschmerzen, stechende — Acon., Bry., Sulphur 87
Bryonia alba 184
Calcarea carbonica 186

218 Alphabetisches Register.

Seite

Calendula officinalis . . . . 12.	154
Camphora	187
Carbo vegetabilis	188
Chamomilla	188
China	190
Cholera, asiatische — Acon., Ars., Camph., Carb. v., Cupr., Ver.	118
Cholera, englische — Ars., Ver.	113
— Kinder- — Acon., Ars., Camph., Coloc., Ver.	122
— Morbus — Ars., Coloc., Cupr., Ipec.	117
Chronische Krankheiten — Sulph.	207
— Hautausschläge — Calc. carb., Sulphur . . . . 186.	207
— Heiserkeit — Kali bichr.	195
Cina	191
Coffea cruda	191
Colocynthis	192
Croup — Acon., Hep., Spong.	75
Cuprum	193
Diphtheritis — Acon., Bell., Kali bichr., Merc. jod.	65
Drüsen-Entzündung — Bell., Merc. . . .	54
— Geschwulst — Bell., Merc. . . .	54
Dulcamara	193
Durchfall	111

Alphabetisches Register.

	Seite
Durchfall von Aerger — Cham.	41
= biliöser — Cham., Merc.	111
= chronischer — Phosph.	113
= mit Erbrechen — Ars., Ver.	113
= von Erkältung — Bry., Dulc., Puls.	112
= von Gram — Ign.	40
= mit Kolik — Cham., Merc.	111. 112
= der Kinder — Ars., Cham., Chin., Ipec., Ver.	114
= schmerzloser — China, Phosph	112. 202
= von Schreck — Ign.	40
= der Schwangern — Cham., Puls.	148
Dyspepsia — Hep., Nux, Sulph.	95
= von Aerger — Cham.	41
Eiterbeulen — Bell., Hep., Merc.	138
Eiterungen — Hep., Merc.	193. 198
Entzündungen innerer Organe	20
Entzündung der Augen—Acon., Bell., Merc., Puls.	55
= der Augenlider — Bell., Hep., Puls.	56
= der Blase — Acon.	20
= der Bronchien — Acon., Bry., Cham., Merc., Sulph.	81
= des Brustfells — Acon., Bry., Sulph.	87
= der Drüsen — Bell., Merc.	54

	Seite

Entzündung des Gehirns — Acon., Bell. . 21
  = des Halses — Bell., Merc. . . 69
  = der Leber — Acon., Bry., Merc. 21
  = . der Luftröhre — Bry., Cham.,
    Merc., Phosph., Kali bich.,
    Puls., Tart. em. 81
  = der Lunge—Acon., Bry., Phos.,
    Tart. em. 23
  = des Lungenfells — Acon., Bry.,
    Sulph. 87
  = des Magens — Acon., Bry. . 24
  = der Nieren — Acon. 25
  = der Ohren — Acon., Puls. . . 52
  = des Unterleibs — Acon., Bell. . 26
  = des Zahnfleisches — Bell., Merc. 62
Entzündungsfieber 19
Erbrechen — Ipec., Nux, Puls. 101
 - von Blut — Acon., Ipec. . . . 102
 = galliges (biliöses) — Ipec., Nux,
  Puls. 101
 = heftiges, mit Kolik — Ars. . . . 101
 - der Schwangern — Ars., Ipec., Nux 150
Erhitzung, Beschwerden von — Acon. . . . 165
Erkältungen 156
Ermüdung, geistige — Nux, Coff. 166
 - körperliche — Arn. 165
Erstickungs-Anfälle — Ars., Ipec., Nux . 83. 84

Alphabetisches Register. 221

Seite

Fieber, einfaches — Acon. 18
- entzündliches — Acon., Bell. . . . 19
- Gallen- — Cham., Merc., Nux, Puls. 105
- gastrisches — Acon., Bell. 19
- kaltes — Acon., Ars., Chin., Ipec., Nux, Puls. 27
- katarrhalisches — Acon., Merc., Nux, 85. 179
- rheumatisches — Acon., Bell. . . 19. 159
- Scharlach — Acon., Bell., Merc. jod. 32
- Typhus — Acon., Bell. 19
- Wechsel- — Acon., Ars., Chin., Ipec., Nux, Puls. 27

Fieberhafte Ausschläge — Acon., Bell. . . 19
Fingergeschwür — Hep., Merc. 139
Finnen — Arn., Bell., Sul h. 132
Friesel, Nessel- — Calc., Dulc., Rhus . . 30
- der Säuglinge — Acon., Rhus . . 29
- Scharlach- — Acon., Bell., Coff. . 31

Frostbeulen — Arn , Phosph., Puls., Sulph. 136
Gallenfieber — Cham., Merc., Nux, Puls. 105
Gastrisches Fieber — Acon., Bell. . . . 19
Gastrische Kopfschmerzen — Ipec., Nux, Puls. 45
Gegenmittel für Pflanzengifte — Camph. . 187
Gehirn-Entzündung — Acon., Bell. . . . 21
Geistige Getränke, Mißbrauch — Nux . . . 200
Gelbsucht — Chin., Merc., Cham., Nux . 106
- von Aerger — Cham. 41

Alphabetisches Register.

Seite

Gelbsucht der Kinder — Merc.	107
Gemüthsbewegungen	40
Gerstenkorn — Hep., Puls.	57
Geruchsverlust — Nux, Puls.	85
Geschwulst der Backen — Cham., Merc.	53
Geschwüriger Hals — Ars., Bell., Merc.	70
Geschwüriges Zahnfleisch — Merc.	60
Gesichtsgeschwulst — Cham., Merc.	53
Gesichtsschmerzen — Acon., Ars., Bell., Chin.	52
Getränke, Mißbrauch geistiger — Nux	200
Gicht — Bry., Puls.	163
Gram, Durchfall von — Ign.	40
- Kopfweh von — Ign.	40
- Nachtheilige Folgen von — Ign.	40
Grippe — Ars., Merc.	80
Gürtelrose — Merc., Rhus	135
Hals, steifer — Bry., Dulc.	161
Halsentzündung — Bell., Merc.	69
- - geschwürige — Ars., Bell., Merc.	70
Halsweh der Prediger — Hep., Phos., Spong.	71
- mit verlängertem Zäpfchen — Merc., Nux	70
Hämorrhoiden — Nux, Sulph.	128
Hände, aufgesprungene — Arn., Hep., Sulph.	131
Harnbeschwerden	175
Harnfluß — Bell., Cin., Rhus	176
Harnstrenge — Acon., Camph., Nux	175

Alphabetisches Register.

Seite

Haut-Abschälung — Cham. 132
- Ausschläge, chronische — Calc. carb.,
  Sulph. 186. 207
- " zurückgetretene — Bry. . . . 185
- Jucken — Merc., Sulph. 130
Heiserkeit — Bell., Hep., Merc., Puls., Dulc. 76
- chronische — Hep., Kali bichr.,
  Phos. 193. 195. 202
Heißhunger — Chin., Cina, Nux 103
Hepar sulphuris calcarea 193
Herzklopfen — Chin., Nux, Puls. . . . 172
- von Schreck — Acon. . . . 40
Hexenschuß — Bry., Nux, Rhus 161
Hüftweh — Bry., Nux, Rhus 161
Hühneraugen — Bry., Calc. c., Rhus, Sulph. 140
Husten 72
- bellender — Spong. 206
- chronischer — Sulph. 72
- mit Halsweh — Bell., Merc. . . . 74
- mit Heiserkeit — Carb., Kali bich.,
  Merc., Phos. 73
- Keuch- — Bell., Cupr., Dros., Ipec.,
  Puls. 77
- lockerer — Dulc., Puls., Sulph. . . 73
- Magen- — Bry., Nux 74
- trockener — Bell., Bry., Nux . . . 72
Hysterie — Ign. 174

224 Alphabetisches Register.

Seite

Hysterische Ohnmacht — Cham., Ign. . . 75. 188
Ignatia amara 191
Influenza — Ars., Merc. 80
Ipecacuanha 194
Kaffee-Mißbrauch — Nux 200
Kali bichromicum 195
Kaltes Fieber — Acon., Ars., Chin., Ipec.,
    Nux, Puls. 27
Katarrhalisches Fieber — Acon., Merc., Nux, 85. 178
   -     Kopfweh — Bell., Merc., Nux 45
Keuchhusten — Bell., Dros., Ipec., Cupr.,
    Puls. 77
Kinder, Ansprung — Acon., Rhus, Sulph. . 129
   = Asthma — Cham., Ipec., Samb. . 84
   = Cholera — Acon., Ars., Camph.,
       Coloc., Ver. 122
   = Durchfall — Ars., Cham., Ipec. . 114
   = Erkältungen — Cham., Nux . . . 87
   = Friesel-Ausschlag — Acon., Rhus . 29
   = Gelbsucht — Merc. 107
   = Hautabschälung — Cham. 132
   = Kolik — Cham., Coloc., Nux, Puls. 110
   = Krämpfe — Bell., Cham. 164
   = Magensäure — Cham. 97
   = Schlaflosigkeit — Bell., Cham., Coff. 169
   = Schnupfen — Cham., Nux . . . 87
   = Schreien — Bell., Cham. 169

Alphabetisches Register.

	Seite
Kinder, Schwämmchen — Merc., Sulph.	59
= Stuhlverstopfung — Bry., Nux	125
= Unruhe — Bell., Cham., Coff.	169
= langsames Zahnen — Calc.	53
= Zahnfieber — Acon., Cham.	26
Kolik	108
= von Aerger und Zorn — Cham.	41
= Blähungs= — Cham., Chin , Coloc., Nux, Puls.	108
= mit Durchfall — Cham., Merc.	111. 112
= von Erkältung — Cham., Chin., Nux	108
= Gallen= — Cham., Coloc., Nux	108
= krampfartige — Bell., Nux, Coloc.	109
= Menstrual= — Cham., Puls.	142
= der Säuglinge — Cham., Puls., Coloc., Nux	110
= der Schwangern — Cham., Nux	146
Kopf, Blutandrang — Acon., Bell. Nux	43
Kopfgrind (Ringflechte) — Rhus, Sulph.	133
Kopfschmerzen	44
= von Aerger — Cham.	41
= biliöse — Bry., Ipec., Nux, Puls.	45
= congestive (von Blutandrang) — Bell., Bry., Nux.	46
= gastrische — Bry., Ipec., Nux, Puls.	45
= von Gram — Ign.	40

10*

	Seite
Kopfschmerzen, katarrhalische — Bell., Merc., Nux	45
‒ nervöse — Coff., Ign., Nux, Puls.	47
‒ periodische — Sulph.	47
‒ rheumatische — Cham., Bry.	47
Krampfadern der Schwangern — Puls., Sulph.	149
Krampfartige Bräune — Cham., Ipec., Samb.	84
‒ Kolik — Bell., Nux, Coloc.	109
Krämpfe von Aerger — Cham.	41
‒ der Kinder — Bell., Cham.	58. 164
‒ Magen- — Carbo v., Coloc., Nux	98
‒ von Schreck — Acon.	40
‒ Waden- — Nux, Rhus, Ver.	174
Krätze — Merc., Sulph.	135
Kurzer Athem — Ars., Ipec., Nux	83
Laufenlernen, schwieriges — Calc. carb.	186
Leber-Entzündung — Acon., Bry., Merc.	21
Leibschneiden	108
Lendenweh — Nux, Puls., Rhus	162
Lockere Zähne — Merc.	198
Luftröhren-Entzündung — Bryon., Cham., Merc., Phos., Puls., Tart. em., Kali bichr.	81
Lungen-Entzündung — Acon., Bry., Phos., Tart. em.	23
Lungenfell-Entzündung — Acon , Bry., Sulph.	87
Magen-Entzündung — Acon., Bry.	24

Alphabetisches Register.

	Seite
Magen-Husten — Bry., Nux	74
⹀ Krampf — Carb. v., Coloc., Nux	98
⹀ Säure bei Säuglingen — Cham.	97
⹀ Schwäche, chronische — Hep., Nux, Sulph.	95
Magen-Verderbniß von Aerger — Cham.	92
⹀ ⹀ von fettem Backwerk — Puls.	91
⹀ ⹀ von fettem Fleisch — Puls.	92
⹀ ⹀ von Früchten — Ars., Puls.	92
⹀ ⹀ von geistigen Getränken — Nux	91
⹀ ⹀ von Kaffee — Nux	91
Mandelbräune — Acon., Bell., Merc.	65
Masern — Acon., Puls., Sulph., Bry.	34
Menstrual-Kolik — Cham., Puls.	142
Menstruationsbeschwerden	141
Menstruation, zu häufige — Calc., Nux	143
⹀ schmerzhafte — Cham., Nux, Puls.	144
⹀ zu starke — Chin., Ipec., Nux	144
⹀ unterdrückte — Acon., Puls.	145
⹀ verzögerte — Acon., Puls.	145
Mercurius solubilis, oder vivus	196
⹀ subcorrosivus	199
⹀ jodatus	199
Merkurmißbrauch — Carb. veg., Hep.	188. 193
Milchschorf — Acon., Rhus, Sulph.	129
Millar'sches Asthma — Cham., Ipec., Samb.	83
Mund, Ansammlung von Speichel — Merc.,	198

Alphabetisches Register.

Seite

Mundfäule — Carb. veg., Merc. 60
Mundgeruch, übler — Carb. v., Merc., Nux,
    Puls. 88
Mundgeschwüre — Merc. 198
Nagelgeschwüre — Merc., Hep. 139
Nasen-Ausflüsse—Ars., Merc., Puls., Sulph. 85
   - Bluten — Arn., Bell., Rhus . . . 48
   - Verstopfung — Nux, Phos. . . . 85
   - Wundheit — Merc., Sulph. . . . 85
Nervenschwäche — Ign., Nux 167
Nervöse Aufregung — Cham., Coff. . . . 170
   - Kopfschmerzen—Coff., Ign., Nux, Puls. 47
   - Zahnschmerzen — Bell., Cham., Nux . 63
Nesselfriesel — Calc., Dulc., Rhus . . . 30
Nieren-Entzündung — Acon. 25
Niesen — Merc., Nux 197. 201
Nux vomica 200
Ohnmacht — Camph., Chin. 168
   - Hysterische — Cham., Ign , Camph. 172
   - von Schrecken — Acon. 40
Ohrdrüsen-Entzündung — Bell., Merc. . . 52
Ohren-Ausfluß — Merc., Puls. 50
   - Entzündung — Acon., Puls. . . . 51
   - Schmerzen — Cham., Merc., Puls. 50
   - Summen — Bell., Nux, Puls. . . 51
Periodischer Kopfschmerz — Sulph. . . . 47
Phosphorus 202

Alphabetisches Register. 229

Seite

Pocken — Acon., Merc., Sulph., Tart. em. 38
Pulsatilla 203
Quetschungen — Arn., Puls., Rhus . . . 153
Rachenbräune—Bell., Kali bich., Merc. jod. 65
Regelbeschwerden 142
Regel, zu häufige — Calc., Nux 143
   - schmerzhafte — Cham., Nux, Puls. . 144
   - zu starke — Chin., Ipec., Nux . . . 144
   - unterdrückte — Acon., Puls. . . . 145
Rheumatisches Fieber — Acon., Bell. . 19. 159
Rheumatischer Kopfschmerz — Cham., Bry. . 47
   -       Zahnschmerz — Cham., Merc. 63
Rheumatismus—Acon., Bry., Puls., Rhus,
   Sulph. 159
Rhus toxicodendron 205
Ringflechte — Merc., Rhus 133
Rose — Acon., Bell , Rhus 35
Ruhr — Acon., Coloc., Merc. corr., Ipec. 115
Scharlachfieber — Acon., Bell. 32
Scharlachfriesel — Acon., Bell., Coff. . . 31
Schlaflosigkeit — Bell., Coff., Puls. . . . 168
   - der Säuglinge — Bell., Cham.,
        Coff. 58. 169
Schlagfluß — Acon , Arn., Bell., Nux. . 41
Schleimauswurf, klebriger — Kali bich. . . 195
Schlingen, schwieriges — Bell., Merc. . . 69
Schlucksen — Nux 165

	Seite
Schmerzhafte Menstruation — Cham., Nux, Puls.	144
Schmerzloser Durchfall — Chin.	112
Schnittwunden — Arn., Calend.	154
Schnupfen — Ars., Merc., Nux, Puls.	85
chronischer — Kali bich., Sulph.	86
der Säuglinge — Cham., Nux	87
Schrecken, Durchfall von — Ign.	40
Herzklopfen von — Acon.	40
Krämpfe von — Acon.	40
Nachtheilige Folgen von — Acon., Ign.	40
Ohnmacht von — Acon.	40
Schreien der Kinder — Bell., Cham.	169
Schwäche — Chin., Ign., Nux.	167
Nerven- — Ign, Nux	167
Schwämmchen — Merc., Sulph.	59
Schwangerschaft, Beschwerden	146
Durchfall — Cham., Puls.	148
Erbrechen — Ars., Ipec., Nux	150
Kolik — Cham., Nux	146
Krampfadern — Puls., Sulph.	149
Stuhlverstopfung — Bry., Nux	147
Zahnschmerzen — Cham, Nux, Puls.	148
Schwerhörigkeit (katarrhalische) — Merc.	49
Schwindel — Bell., Chin., Nux, Puls.	43

Alphabetisches Register.

Seite

Seekrankheit — Cocc., Nux, Petr. . . . 104
Sitzende Lebensweise, Folgen davon — Bry., Nux 184
Sodbrennen — Nux, Sulph. 97
Sommersprossen — Calc. carb. 186
Sonnenstich — Arn., Acon. 177
Speichelfluß — Merc. 198
Speisen, Erbrechen von — Nux, Puls . . 101
    = Widerwillen gegen — Ipec., Nux, Puls. 101
Spitzpocken — Acon., Bell., Rhus . . . 37
Spongia tosta 206
Steifer Hals — Acon., Rhus 161
Stimmlosigkeit — Bell., Merc., Phosph. . 77
Stockschnupfen — Nux 85
Stuhlverstopfung — Bry., Merc., Nux, Sulph. 124
    = der Säuglinge — Bry., Nux 125
    = der Schwangern — Bry., Nux 147
Sulphur 207
Summen in den Ohren — Bell., Nux, Puls. 51
Summer Complaint — Acon., Ars., Camph.,
    Coloc., Ver. 122
Tartarus emeticus 209
Taubheit (katarrhalische) — Merc. . . . 49
Thränen der Augen — Sulph. 56
Typhus — Acon., Bell. 19
Uebelkeit — Ipec., Nux, Puls. 101
Uebelriechender Athem — Carb. v., Merc.,
    Nux, Puls. 88

	Seite
Unaufhaltsamkeit des Harns — Bell., Cin., Rhus	176
Unruhe der Kinder — Bell., Cham., Coff.	169
Unterleibs-Entzündung — Acon., Bell.	26
Veratrum album	209
Verbrennungen — Acon., Arn., Urt.	155
Verbrühungen — Acon., Arn., Urt.	155
Verdauungsbeschwerden von Aerger — Cham.	41
Verdauungsschwäche — Bry., Nux, Puls, Sulph.	95
Verhebung — Rhus	203
Verletzungen, äußerliche	153
= mechanische — Arn.	153
= Verbrennungen und Verbrühungen Acon., Arn., Urt.	155
= Wunden — Arn., Calend.	154
Verrenkungen — Arn., Rhus	154
Wadenkrampf — Nux, Rhus, Ver.	174
Warzen — Calc., Rhus, Sulph.	140
Wechselfieber — Acon., Ars., Chin., Ipec., Nux, Puls.	27
Wehabern der Schwangern — Puls, Sulph.	149
Weißfluß — Calc., Puls., Sulph.	151
Wunden — Arn., Calend.	154
Wundheit der Nase — Merc., Sulph.	85
Wurmbeschwerden — Acon., Cina, Merc., Sulph.	126

Alphabetisches Register. 233

                                      Seite

Zahnbeschwerden 58
Zahnfieber — Acon., Cham. 26
Zahnen, langsames — Calc. 58
Zahnfleisch, Bluten — Carb. veg., Merc. . 61
    =   Entzündung — Bell., Merc. . . 62
    =   geschwüriges — Carb. v , Merc. 60
Zahngeschwür — Bell., Hep., Merc. . . . 62
Zahnschmerzen 62
    =   von Erkältung — Cham , Dulc.,
          Merc. 63
    =   der Kinder — Cham. 63
    =   nervöse — Bell., Cham , Nux . 63
    =   rheumatische — Cham., Merc. . 63
    =   der Schwangern — Cham., Nux,
          Puls. 148
    =   von Verdauungsschwäche — Nux . 63
    =   von hohlen Zähnen — Bell., Merc.,
          Nux. 63
Zähne, lockere — Merc. 198
Zäpfchen, verlängertes — Merc., Nux . . 70
Ziegenpeter — Bell., Merc. 51
Zorn, Nachtheilige Folgen von — Cham. . . 41
Zunge, belegte — Merc., Nux, Puls. 197. 201. 203

www.ingramcontent.com/pod-product-compliance
Lightning Source LLC
Chambersburg PA
CBHW021813230426
43669CB00008B/742